El Reto de la Sierra Tarahumara:
La Construcción del Ferrocarril Chihuahua al Pacífico

Artículos de prensa y fotografías de
Glenn Burgess
compilados y editados por
Don Burgess

© 2014. Copyright, Derechos Reservados por Don Burgess.
Todos los derechos reservados.

Versión al español por Luis Urías Hermosillo.

Este libro no puede ser reproducido ni en todo ni en parte, por ningún medio,
a excepción de breves citas con el propósito de reseñas o comentarios,
sin el consentimiento anticipado y por escrito del editor.
Para mayor información, dirigirse a Barranca Press, Taos, New Mexico
(editor@barrancapress.com).
www.barrancapress.com
Diseño gráfico editorial de LMB Noudéhou.

PRIMERA EDICIÓN. Diciembre 2014.

Los artículos publicados en *El Paso Times* y el *Fort Worth Star-Telegram* se incluyen con los permisos correspondientes.
El artículo publicado por *CF&I Blast* se incluye por cortesía de Bessemer Historical Society/CF&I Archives.

Todas las fotografías son originales de Glenn Burgess, a menos que se indiquen otros autores. Los pies de foto que aparecieron originalmente en las publicaciones se inician con frases en mayúsculas negritas.
La fotografía en la cubierta, del fijado de rieles, es por Glenn Burgess.
La fotografía en la cubierta posterior, con el Autovía, es por Don Burgess.

El mapa de Owen es de las Colecciones Especiales del Centro de Investigaciones, de la Universidad del Estado de California en Fresno, CA: Special Collections Research Center, California State University, Fresno.
La fotografía de Cuiteco del fotógrafo Ira Kneeland se incluye con permiso de las Colecciones Especiales del Centro de Investigaciones de la Universidad del Estado de California en Fresno, CA: Special Collections Research Center, California State University, Fresno.
El mapa de la SCOP es de los archivos personales de Glenn Burgess.

El diseño de la cubierta es por Sarah Markes.

ISBN 978-1-939604-01-9 (pbk)
978-1-939604-23-1 (hc)

Número en el Catálogo de la Biblioteca del Congreso en Washington/
Library of Congress Control Number: 2014933841

Impreso en los Estados Unidos de América.

1.1. Mapa que muestra la idea de Arthur E. Stilwell de conectar a Kansas City al Océano Pacífico por medio de un ferrocarril. La sección al oeste de la ciudad de Chihuahua se conoce ahora como el ferrocarril Chihuahua al Pacífico o CHEPE.

Erle Stanley Gardner describió así el desafío de construir un ferrocarril a través de las barrancas de Chihuahua y Sinaloa:

> Uno está ahí, de pie, al borde de ese enorme cañón, mirando hacia sus profundidades, y piensa que quienquiera que esperara que un ferrocarril pasara a través de ese territorio, tendría que haber concebido alegremente alguna forma de construir un bastón de saltos por resorte tan grande, como para permitir a quien lo usara el poder saltar hasta la luna.
>
> Es casi exactamente como si el ferrocarril que llega hasta el Gran Cañón (del Colorado), que parte de Williams, Arizona, pudiera ser llevado justo hasta el borde sur del cañón, con la esperanza de los conductores de llevar los trenes hasta abajo, al río Colorado, y luego seguir el cañón hasta llegar a Yuma.

Erle Stanley Gardner
Neighborhood Frontiers (p.248)

1.2. Desvío o apartadero de la línea al que dieron el nombre del Ing. Francisco M. Togno, entre El Divisadero y Areponápuchi (foto por Don Burgess, 2012).

Dedicatoria

Ing. Francisco M. Togno (1907-1991)

De acuerdo con los deseos de mi padre, Glenn Burgess, con los que estoy completamente de acuerdo, este libro está dedicado a la memoria del Ingeniero Francisco M. Togno[1]. Como él escribió:

Un hombre sobresale como la razón de la realización del ferrocarril: El Ingeniero Francisco Togno empezó como contratista local cerca de Creel, luego siguió como ingeniero a cargo de la ubicación de la ruta final, después fue el ingeniero a cargo de la construcción en la oficina en la ciudad de Chihuahua, más adelante el jefe de la construcción de todos los ferrocarriles en México, y ahora elevado a la posición de asistente del Secretario de Obras Públicas del gobierno federal de México.

Fue este ingeniero quien convenció a tres presidentes de México de que el proyecto era factible, y de que debería ser terminado. El ingeniero Togno creía que Stilwell[2], el promotor original del proyecto, hizo valederos razonamientos económicos al proponer e iniciar el ferrocarril, y dedicó el trabajo de toda su vida a realizar ese sueño de Stilwell.

Uno de los hombres que trabajaron con él, me dijo: "Era un hombre muy fino"; y no conozco a nadie que no estuviera de acuerdo con esa afirmación.

---

1 Aunque el apellido Togno muchas personas podrían pronunciarlo en español como se escribe, los ingenieros que trabajaron en la construcción que conozco lo pronuncian Toño, como en el italiano original (gn = ñ), pero la gente de México en general lo pronuncia como se escribe, Togno.
   Se desconoce al autor de la fotografía.
2 De hecho, hubo otros promotores antes de Stilwell.

Reconocimientos

Mi agradecimiento a quienes leyeron el manuscrito en varias etapas: Kay Burgess, Joe Burgess, Lisa María Burgess, William Merrill y Luís Urías. Bryan Wilson y Joe Burgess hicieron ajustes a algunas de las fotografías. La edición y el formato del libro fueron hechos por Barranca Press.

Doy gracias especialmente a los trabajadores del ferrocarril que compartieron conmigo sus conocimientos y su entusiasmo por el ferrocarril. En tanto que estoy más junto a ellos, más comprendo qué magnífica obra de construcción fue la de este ferrocarril, a la que solo empiezo a hacer justicia en este libro.

ÍNDICE

Introducción	1
Antes de 1900	17
La Construcción	29
La Inauguración	123
Después de la Construcción	133
Las Vidas de Dos Trabajadores del Ferrocarril	161
Efectos del Ferrocarril en las Culturas Locales	179
Referencias	193

Introducción
por Don Burgess

2.1. Un escarpado paso, del camino hecho para poder llegar hasta donde se estaba construyendo el ferrocarril, cerca de Témoris (foto por Glenn Burgess, 1955).

2.2. Aeroplano despegando de Rocoroibo, Chihuahua. Se ve la barranca del Río Chínipas a la izquierda (foto por Don Burgess, c.1995).

El 13 de Octubre de 1995, un pequeño aeroplano hacía círculos alrededor de la casa de troncos donde mi esposa y yo vivíamos, en una remota área de la Sierra Tarahumara de Chihuahua, México. En lo que yo corría hasta un claro en el bosque, el piloto redujo la velocidad y dejó caer una bolsa de plástico atada con listones de colores; pero no cayó en el claro y fue a caer entre los árboles. Varios tarahumares y yo buscamos la bolsa, y cuando la encontramos, la abrí. Dentro había una pequeña piedra y una nota, que decía: "Es de esperarse que su padre no viva más allá del día de hoy. Si lo desea, puedo hacerlo volar fuera de aquí. Esperaré en Rocoroibo [la pista de aterrizaje más cercana]. Si entendió mi mensaje, camine en círculos ondeando una toalla." Al no tener una toalla a la mano, saqué mi pañuelo y empecé a ondearlo en tanto caminaba en círculo, sintiéndome un tanto raro, ya que varios tarahumares me miraban haciendo esa extraña danza.

Cuando el avión se fue, consulté con mi esposa, Marie. Ella es enfermera, y había unos veinte tarahumares esperando para tener atención médica de parte de ella y de un médico que había llegado desde Arizona. Algunas de las personas enfermas habían caminado cinco horas sólo para llegar hasta allí. Marie no podía irse.

Así que me subí a una camioneta pick-up, junto con un par de amigos, y nos fuimos montaña arriba, hacia donde el avión estaría esperando, a una hora y cuarto de manejo por caminos de terracería. Un poco hacia arriba de la montaña, fuimos encontrados por un amigo que vive cerca de la pista de aterrizaje, quien tenía contacto por radio con el piloto, y que ya conocía la situación. Venía en su motocicleta para recogerme. Me cambié al asiento trasero de la motocicleta, y los dos amigos que habían venido conmigo condujeron la camioneta de regreso a nuestra casa.

Unos diez minutos después de llegar a la pista, el avión estaba volando hacia abajo de la empinada y angosta tira de aterrizaje, que sube sobre una loma y tiene una curva en medio. Normalmente, mi corazón se saltaba algunas palpitaciones cuando despegábamos de aquella pista, pero esta vez mi mente estaba en otras cosas. Pronto estábamos pasando sobre las cimas de la montaña, apenas rozándolas; y entonces, como si el terreno del fondo se hubiera desprendido de las montañas, nos vimos sobre el cañón del río Oteros, que luego se convierte en el cañón del río Chínipas: desde la cumbre de la montaña Huichúachi, a nuestra derecha, hasta el río bajo nosotros, hay una caída de unos 2,134 metros, unos 7,000 pies.

Ahí sentado en el aeroplano, y mirando a las montañas atravesadas por el ferrocarril Chihuahua al Pacífico, empecé a pensar acerca de mi padre. Allá por 1955, fue él quien me introdujo en este abrupto paisaje y en el sueño imposible que era el ferrocarril.

Mi padre había sido parte de la generación que vio más cambios en los transportes, como quizá ninguna otra generación. Cuando tenía dos años de edad, en 1907, fue

Historia de la Familia Burgess en Chihuahua

De acuerdo a las investigaciones de mi hermano Jack, el interés de los Burgess en las ciudades de Chihuahua, Ojinaga, Presidio y Alpine, que son partes del área atravesada por el ferrocarril, va desde 1846, cuando John D. Burgess (con el que creemos tener un parentesco), con los Voluntarios del Missouri, fueron con las tropas de Doniphan para entrar en México y pelear en la Batalla de Sacramento, justo al norte de la ciudad de Chihuahua. A él y otros de sus amigos les gustaba tanto México que decidieron quedarse, y se casaron con mujeres mexicanas. Se dice que hacían su dinero arrancando cabelleras apaches en esos tiempos en que el gobierno del estado pagaba por ellas. Luego él y Ben Leaton, Milton Faber y John W. Spencer se fueron a Presidio, Texas (donde ahora cruza el ferrocarril Chihuahua al Pacífico para entrar en los Estados Unidos). Faber se dedicó a los trabajos de rancho y Leaton a los agrícolas, y estableció Fort Leaton. Burgess y Spencer vivieron como comerciantes, llevando provisiones a Fort Davis y Fort Stockton. En uno de esos viajes, Spencer recogió una piedra para tirarla a un terco burro y notó algo diferente en la roca. Llevó unas muestras al comandante de Ft. Davis, Col. William R. Shafter, quien los mandó a unos amigos mineros en California y ellos vieron que eran de alta graduación: y así fue descubierta la mina de plata de Shafter. Burgess se hizo famoso cuando retuvo algunos guerreros apaches por varios días, en Alpine, en lo que fue conocido como Burgess Springs (los Ojos de Burgess), que ahora son llamados Kokernot Springs.

llevado en una carreta con cubierta de lona, de tracción animal, desde Coleman, Texas, hasta la nueva granja en la nueva árida tierra de la familia, cerca de Lubbock, Texas. Y luego vio la era de los aviones supersónicos y a los cohetes llevando personas al espacio exterior.

Cuando escribió la mayor parte de sus artículos sobre el ferrocarril, vivía en Alpine, Texas, con su esposa Merlyn y tres hijos: Jack, Don y Joe. Por esos tiempos, manejaba una tienda de curiosidades y artículos fotográficos en la población; escribía reportajes especiales para *El Paso Times* y el *Fort Worth Star-Telegram*, y enseñaba periodismo y fotografía en Sul Ross College.

Recuerdo uno de sus artículos, acerca de un auto Volkswagen que se volcó en la carretera después de desviarse bruscamente tratando de evitar golpear una liebre. Mi padre visitó al conductor en el hospital, y el artículo, titulado algo así como "Neoyorquino tiene un encuentro con una liebre de tamaño tejano, y sale en segundo lugar," llegó hasta la agencia de noticias Associated Press para ser publicado en todo el país.

Fue en 1955 cuando fue asignado por el *Times* y el *Star-Telegram* para cubrir la construcción final del ferrocarril Chihuahua al Pacífico, el viejo Kansas City, México y Oriente. Yo tenía entonces 16 años, y cuando me invitó a ir con él, de un brinco aproveché la oportunidad, abandonando mi empleo de verano trabajando con un equipo de planimetría en el Parque Nacional Big Bend.

En las siguientes dos semanas, el gobierno mexicano nos mostró la construcción, siendo nuestro guía Jorge Togno, hermano del ingeniero más altamente responsable de la terminación del ferrocarril, Francisco Togno. No sólo vimos el ferrocarril, también visitamos la mina de cobre ubicada en el espectacular cañón de La Bufa, entonces en operación, y el proyecto de la Presa Huites, ya al otro lado de la sierra, en Sinaloa, que fue terminado, después de 40 años, en 1995: es la presa más alta en América Latina.

Mi padre hizo otros viajes para visitar la construcción del ferrocarril y, en 1959, entre mis estudios como junior y senior en el Texas Western College en El Paso, tuve el privilegio de trabajar en la construcción. Nuestra amistad con la familia Togno hizo

2.3. Jorge Togno y Don Burgess cruzando el río Chínipas, cerca del puente, en 1955 (foto de Glenn Burgess).

Las actividades de fin de semana para los ingenieros y trabajadores de la construcción incluían el béisbol, basquetbol y el futbol soccer.

2.4. Jugando béisbol en Creel en 1959 (foto de Don Burgess). **2.5.** Don, con uniforme de béisbol, en Cuiteco, el mismo año (fotógrafo desconocido). **2.6.** Jugando futbol soccer en el campamento de la construcción cerca del cañón de Huites en Sinaloa (foto de Glenn Burgess, 1955).

El Reto de la Sierra Tarahumara

posible que tuviera ese empleo: Trabajaba en el pueblo de Cuiteco, en medio de las montañas, manejando el vástago ("jalón") con los topógrafos, trazando los túneles y puentes del área. Mi sueldo era de unos 17 pesos diarios, suficientes para pagar mi hospedaje y comida, ahorrando unos 10 dólares después de 6 semanas. Trabajaba bajo las órdenes del Ing. Felipe Anzaldúa, un hombre amable a quien recuerdo tratando de enseñarme que la música mexicana era mucho más que el "Cielito Lindo," "La Cucaracha," y otras cuantas canciones mexicanas de las que los gringos a veces saben algunas líneas. Todavía puedo cantar un poco de una de las canciones que me enseñó: "…y si quieres saber de mi pasado, es preciso decir una mentira…" Era la canción "De un Mundo Raro," de José Alfredo Jiménez, compositor muy popular desde 1951, que se hizo famosa en 1954. También jugaba béisbol y basquetbol con el equipo del ferrocarril, y los fines de semana viajábamos a otros campamentos de la construcción y otros pueblos para jugar.

Durante ese verano, disfruté tanto del paisaje y de la gente tarahumara, que regresé a la universidad considerando "¿Qué excusa puedo encontrar para regresar a la Sierra Tarahumara a vivir?" Entonces comprendí que, con la apertura del ferrocarril, los tarahumares tendrían que enfrentar a la "civilización", en formas en las que no lo habían hecho nunca antes, y sin libros en su propia lengua que les ayudaran a preservar su idioma y su cultura; libros que les ayudaran a enfrentar una nueva forma de vida, pues los riesgos de que perdieran mucho de lo que tenían para ofrecer al mundo eran muy altos. Para esos años, sólo se habían preparado algunas cartillas para enseñar a la gente a leer y partes del *Nuevo Testamento* se habían traducido para la Alta Tarahumara,[1] del lado oriental de la sierra, y no había nada para la Baja Tarahumara, del lado occidental (Aunque hay otras variantes dialectales en algunos lugares en la sierra, ésas son las dos principales formas de la lengua tarahumara.).

Así, terminé la universidad y proseguí una Maestría en Historia; el título de mi tesis fue "Historia de los Esfuerzos Misioneros entre los Tarahumares." Luego fui a la Universidad de Oklahoma para estudiar lingüística descriptiva. Después de eso, regresé a la Sierra Tarahumara, inicié el estudio de la lengua, y empecé a ayudar a la gente tarahumara[2] a traducir y escribir libros. Mi padre decía con frecuencia, "Como resultado de ese primer viaje para visitar el ferrocarril, más de 50 artículos y libros se han escrito acerca de la Sierra Tarahumara." Eso incluye artículos en diarios, dos tesis de maestría, estudios en lingüística y antropología, libros bilingües en tarahumara y español escritos por tarahumares respecto a su cultura, el último de los cuales es sobre los usos del maíz; una traducción del *Nuevo Testamento*, tanto como partes del *Antiguo Testamento*, en la lengua de la Baja Tarahumara; además de libros en su lengua sobre

---

[1] Los jesuitas David Brambila y Carlos Díaz Infante tradujeron, respectivamente, a Marcos y a Lucas. Ken Hilton, de los Traductores Bíblicos Wycliffe (Wycliffe Bible Translators), estaba trabajando en Samachique en el *Nuevo Testamento*, que fue publicado en 1972.

[2] Las formas tarahumar y tarahumares están utilizados para las personas en singular y plural, y tarahumara como calificativo para personas y objetos, etc. Así fueron utilizados en los primeros documentos de los misioneros. Ahora mucha gente en la sierra nada mas usan las palabras tarahumara y tarahumaras.

temas médicos (la tuberculosis, la diarrea y la alimentación con el pecho materno).

Mi padre celebró su 90 aniversario en Agosto de 1995, y yo estuve entusiasmándolo para que pusiera sus artículos y fotografías en un libro; pero eso nunca llegó a darse. Cuando el avión aterrizó en la ciudad de Chihuahua, llamé por teléfono a casa y me dieron la noticia de que papá había muerto ya; había sucedido, en realidad, unas dos horas antes de que el piloto dejara caer el mensaje para mí en medio de la sierra. Él mismo, amablemente, me llevó hasta Safford, Arizona, donde atendí los servicios funerarios de mi padre.

Así, la tarea de hacer algo con los materiales de mi padre, recayó en mí. Se necesitaba agregar datos de antes de 1900, y algo debía decirse acerca de cómo el ferrocarril afectó a las culturas locales. Mi padre quería especialmente asegurarse de que el ingeniero Francisco Togno recibiera el crédito que merecía por su participación en la construcción del ferrocarril, y quería dedicarle el libro a él. He utilizado en general sus artículos tal y como fueron publicados, y he agregado notas a lo largo del libro que espero den una imagen más completa y de más interés para los lectores.[3] Tres de los artículos eran tan similares a otros que no hacía falta incluirlos. Al final, agregué entrevistas con dos trabajadores del ferrocarril que son amigos míos, uno de ellos un tarahumar, y el otro de ascendencia japonesa. Y finalmente, hay una breve discusión acerca de cómo el ferrocarril ha afectado las vidas y la cultura de los tarahumares y los "mestizos" de la sierra de Chihuahua.[4]

Las verdaderas joyas de esta publicación son las fotografías en blanco y negro, tomadas por mi padre con una cámara Speed Graphic de negativos de 4 X 5 pulgadas, que había comprado en Santa Fe, Nuevo México, en 1949. También tomó película de cine en 16 milímetros, pero había enviado la única copia a la ciudad de México y nunca más pudimos localizarla. He agregado unas cuantas fotografías propias, además de otras tomadas por otras personas.

Dos de los mejores libros acerca del ferrocarril son los de John Leeds Kerr y Frank Donavan, *Destination Topolobampo* (Destino: Topolobampo), y el de Francisco R. Almada, *El Ferrocarril de Chihuahua al Pacífico*. La fuerza del primer libro yace en su cobertura de la construcción del ferrocarril en el lado de los Estados Unidos; y la del segundo, en las historias de los varios proyectos de ferrocarriles en Chihuahua. Otros libros que deben ser mencionados son *Memoria de la Construcción del Ferrocarril Chihuahua al Pacífico*, el de David M. Pletcher, *Rails, Mines, and Progress: Seven American Promoters in Mexico, 1867-1911* (Rieles, Minas y Progreso: Siete Promotores Norteamericanos en México); y el de L.L. Waters, *Steel Trails to Santa Fe* (Caminos de Acero a Santa Fe). Una cinta documental donde hicieron uso de algunas de las fotografías de mi padre, y donde me entrevistaron, fue producida por los Estudios Rebo para la televisión pública japonesa y de los Estados Unidos, llamado *Train Ride To The Sky*, de 1994.

---

3 También hice correcciones menores de palabras con errores.
4 La version en español incluye unos cambios y adiciones.

2.7. Glenn Burgess con su cámara Speed Graphic. Foto tomada en los años 60 en Alpine, Texas (de autor desconocido).

Glenn Burgess como Promotor

Después de graduarse en la Universidad de Texas en Austin, con un grado en administración de empresas y periodismo, Glenn trabajó con la Oficina de Viajes Conoco en Denver, de 1931 a 35; en 1946 fue gerente de la primera estación de radio en Alpine, Texas, y estuvo por diez y seis años en el área gerencial de la Cámara de Comercio en diferentes lugares, incluyendo Alpine, Texas; Santa Fe, Nuevo México; y St. Joseph, Missouri. Durante la Segunda Guerra Mundial mi padre fue Teniente Coronel en la Guardia del estado de Texas, ayudando en guardar la frontera Texas-México en la región del Big Bend. En cierto momento en su temprana vida, se interesó por la fotografía y como fotoperiodista fue uno de los primeros promotores del Parque Nacional Big Bend en el Oeste de Texas. Sus fotografías del Big Bend pueden encontrarse en los Archivos del Big Bend, en la Biblioteca Bryan Wildenthal de la Universidad Sul Ross en Alpine.

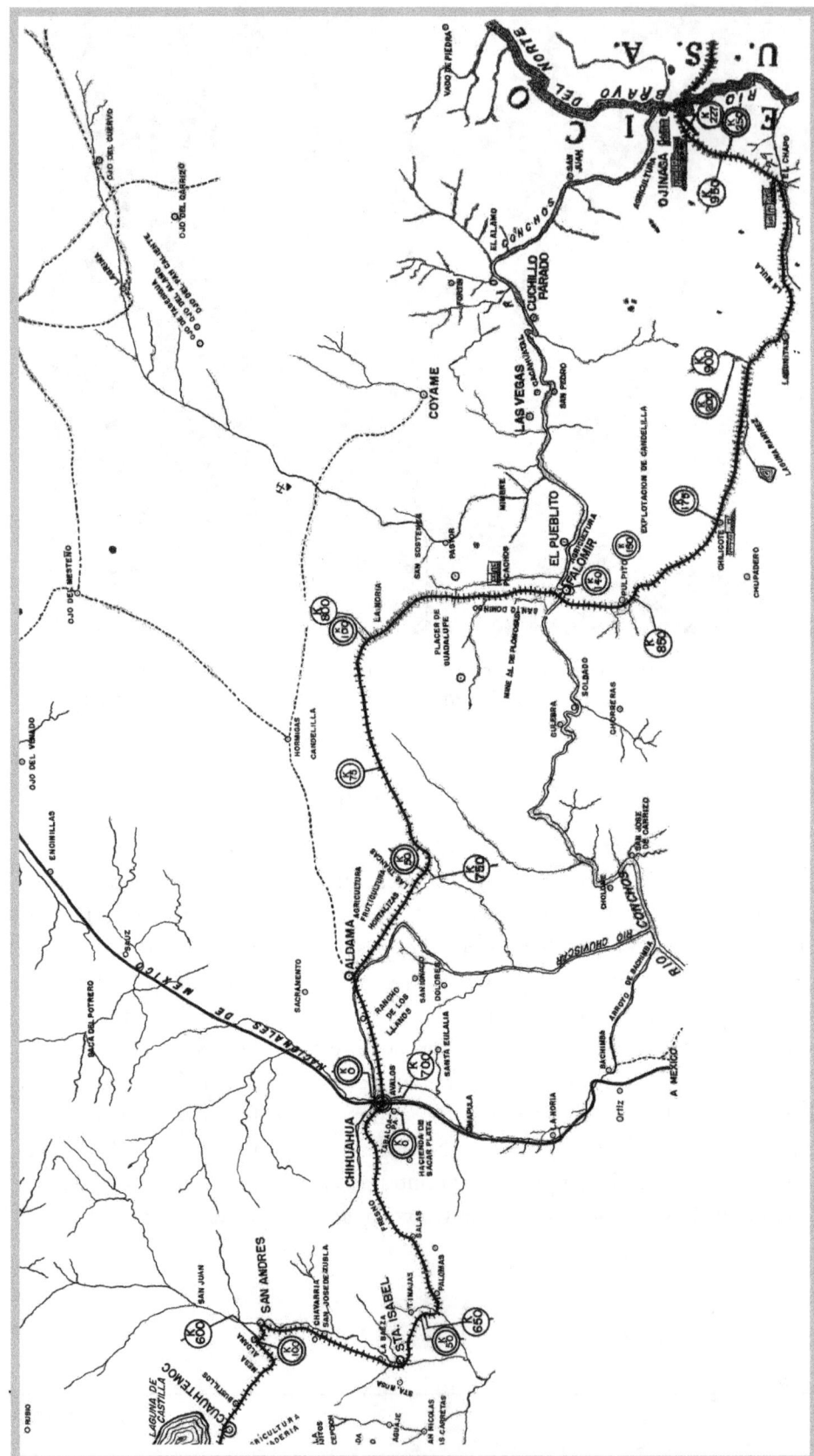

2.8. El principio del ferrocarril Chihuahua al Pacífico: Mapa de la Secretaría de Comunicaciones y Obras Públicas, mostrando las líneas que llegan a la ciudad de Chihuahua, México (SCOP 1953).

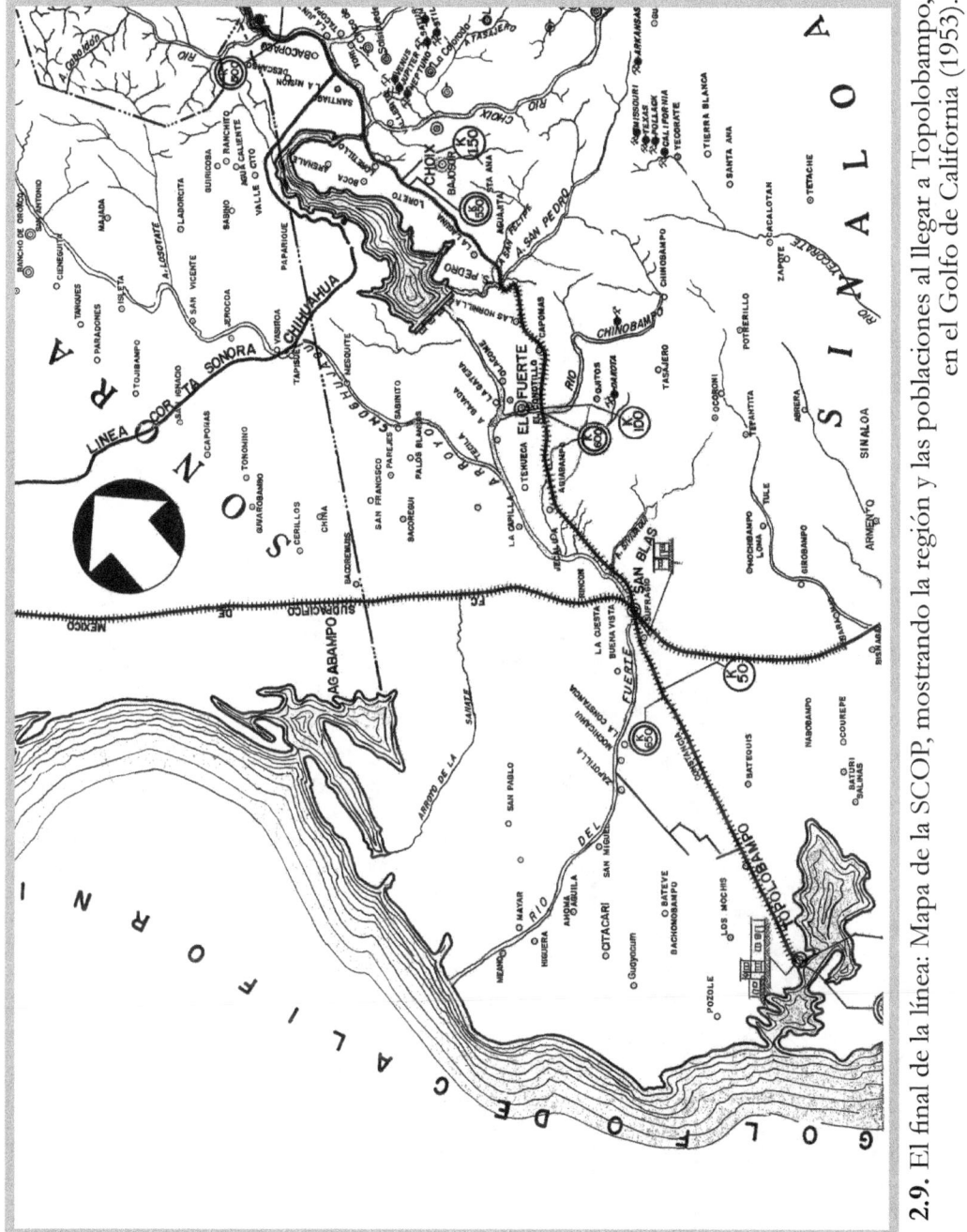

2.9. El final de la línea: Mapa de la SCOP, mostrando la región y las poblaciones al llegar a Topolobampo, en el Golfo de California (1953).

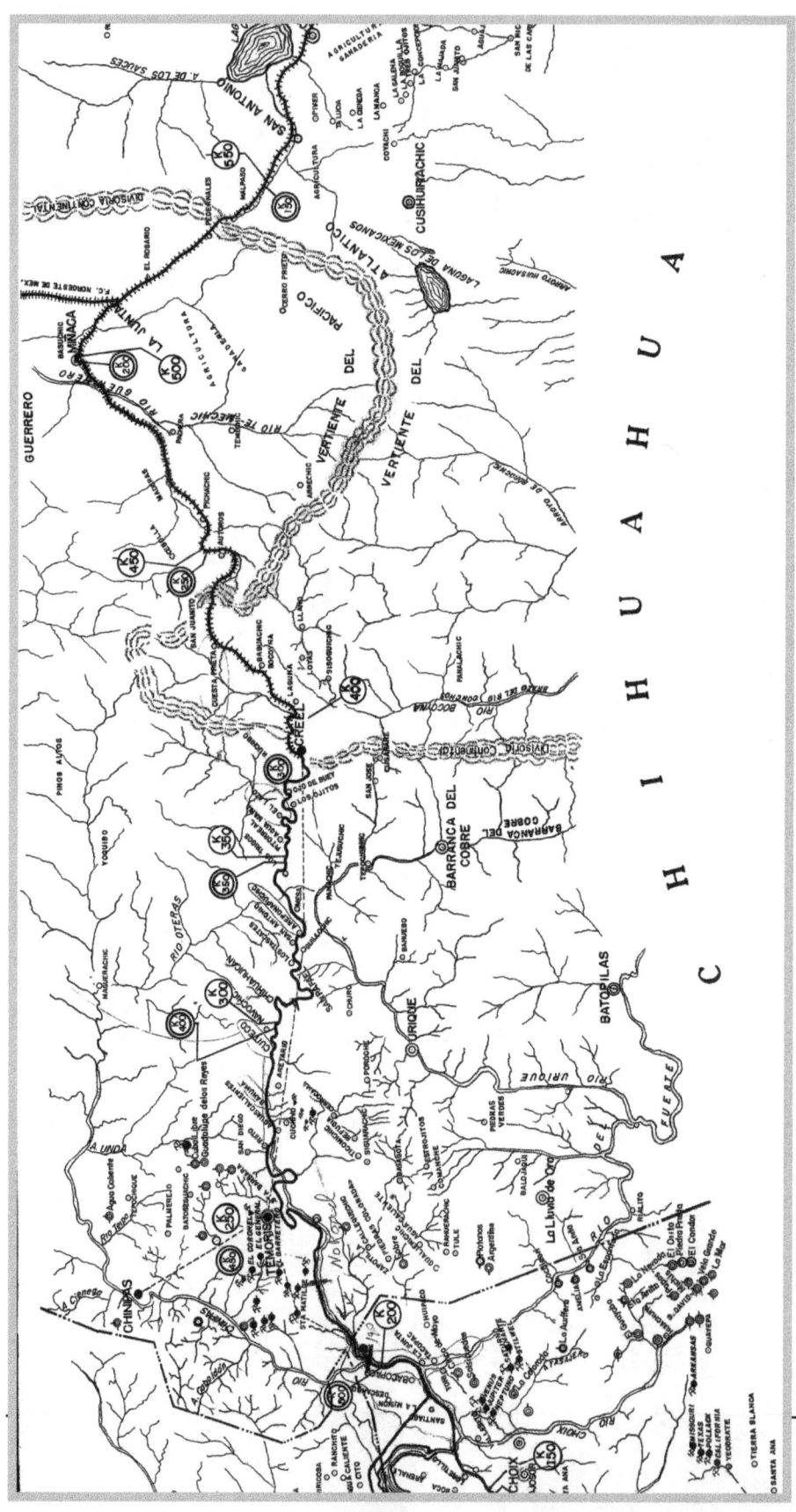

2.10. El Reto de la Sierra Tarahumara: Mapa de la SCOP con los detalles de la línea ferroviaria al cruzar la sierra por La Junta, Creel y Témoris (1953).

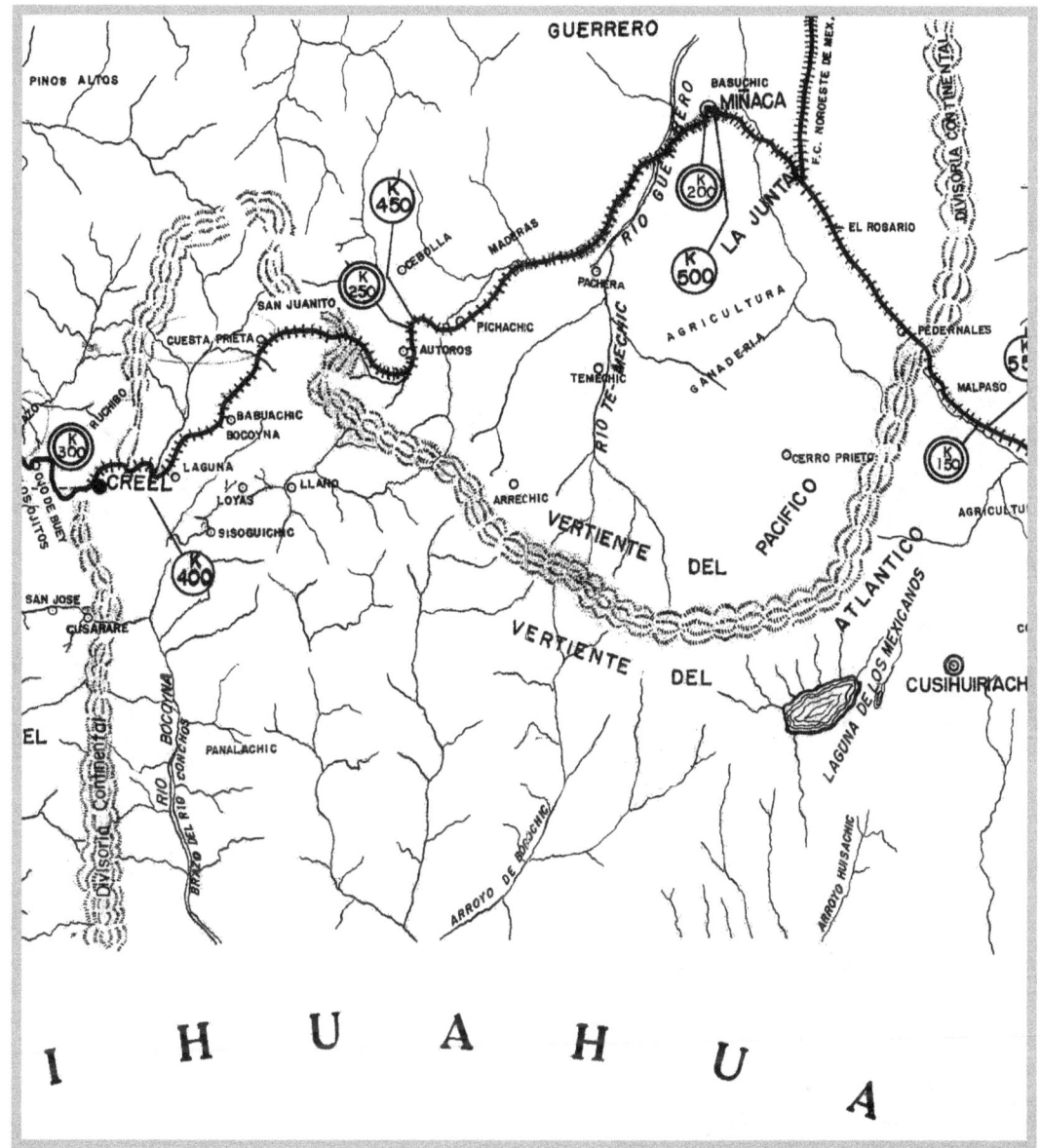

2.11. El reto de la división continental: Mapa de la SCOP con los detalles de la línea férrea de La Junta al oeste y a Creel (1953).

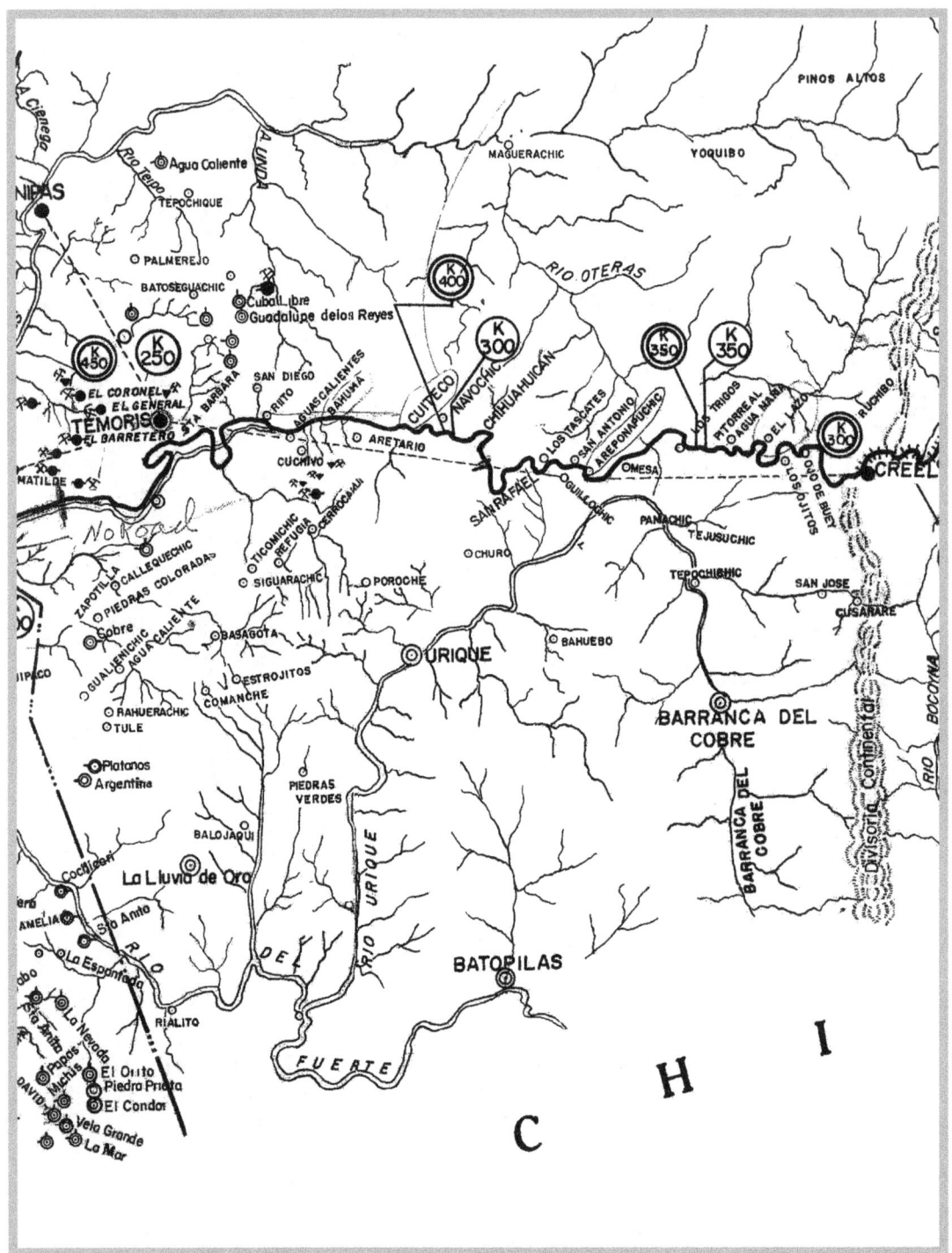

2.12. El reto de las barrancas: Mapa de la SCOP con los detalles que muestran la línea del ferrocarril de Creel al oeste y a Témoris (1953).

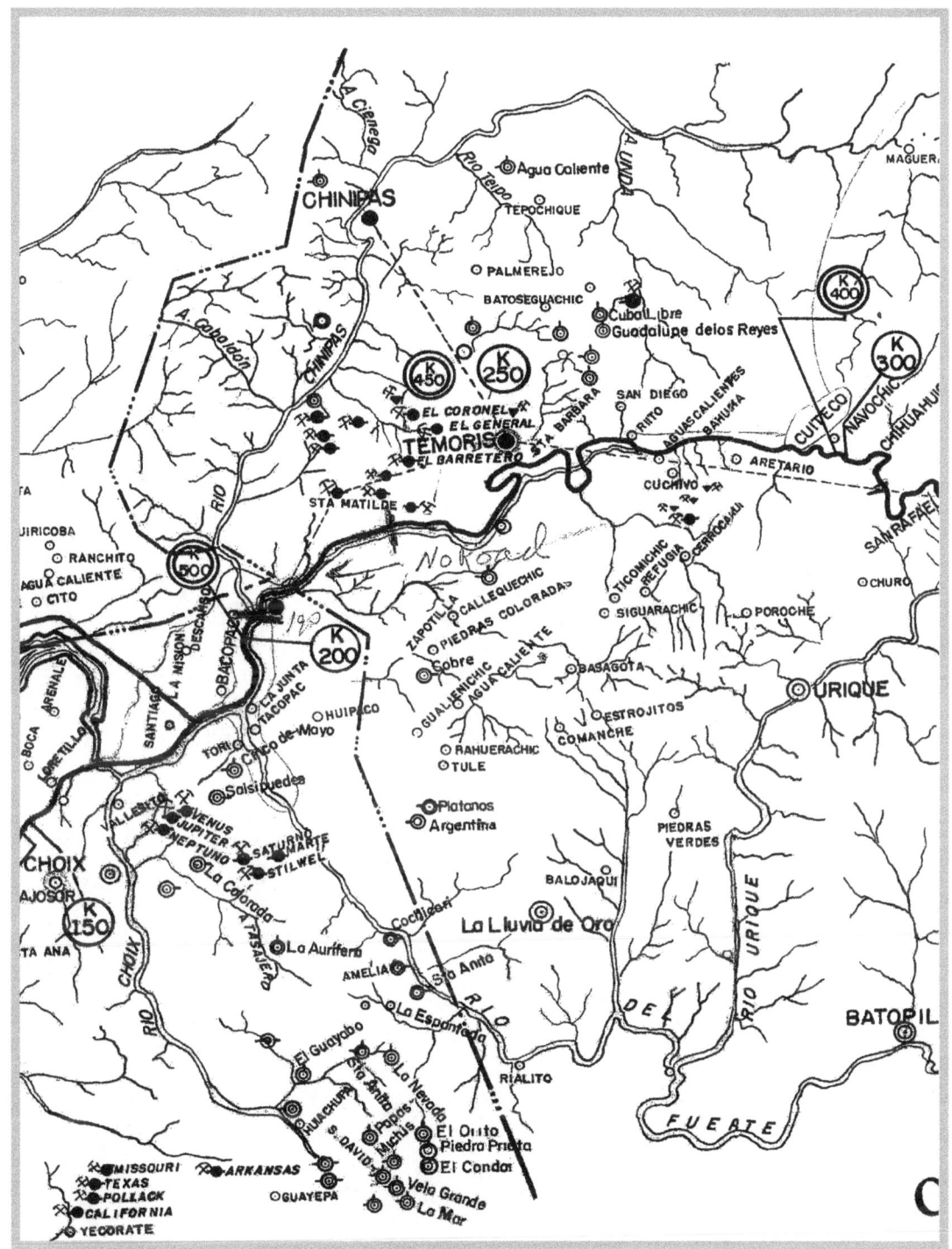

2.13. El reto de las barrancas: Mapa de la SCOP mostrando el trazo de la línea de Témoris al oeste y a Choix, en Sinaloa (1953).

Antes de 1900
por Don Burgess

3.1. Cuiteco en 1887. Fotografía tomada por Ira Kneeland durante el viaje de prospección del ferrocarril de Owen. Una placa en el Hotel Balderrama en Cuiteco cita a Owen diciendo: "Cuiteco es como un torbellino de todas las bellezas naturales que existen en el planeta."

La iglesia, a la derecha, todavía está allí, pero la entrada ha sido cambiada al extremo opuesto. La casa grande a la izquierda es ahora una escuela. La estación actual del tren está localizada al otro lado del arroyo a la mitad izquierda de la foto.

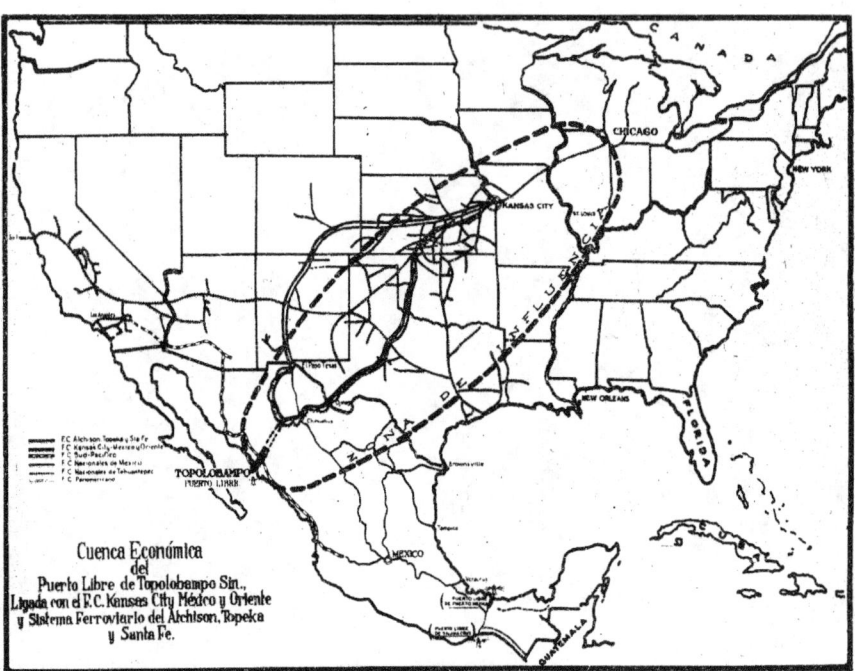

3.2. Cubierta de la presentación que hizo Ulises Irigoyen en 1943 del proyecto del ferrocarril al Pacífico. El mapa muestra los planes de relaciones de Topolobampo a Chicago y destaca la zona de influencia del ferrocarril (cortesía de la Biblioteca Prof. Luis Urías Belderráin).

En tanto que los artículos de mi padre trataban principalmente de la construcción del ferrocarril después de 1900, tengo que agregar que la idea de conectar la parte oriental de los Estados Unidos con la costa del Pacífico mexicano con un ferrocarril, había circulado durante varios años antes de 1900. De acuerdo con el historiador chihuahuense Francisco R. Almada, la primera persona que tuvo la idea de conectar a Chihuahua con el Océano Pacífico con un tren, fue el francés Hipólito Pasquier de Doumartin, en 1849. Junto con su idea de la construcción de un ferrocarril hasta la costa, su intención era colonizar ciertas áreas de Chihuahua con gente de Francia (Almada, *El Ferrocarril de Chihuahua al Pacífico*, p.8).

Para poner esto en una perspectiva histórica, nótese que esto sucedía justo después de la guerra México-Americana de 1846-1848, y unos pocos años antes de la Guerra Civil en los Estados Unidos, de 1861 a 1865; y de la guerra de Intervención Francesa en México, de 1861 a 1867. Sucedía también a menos de 50 años después de que los Estados Unidos compraran el territorio de la Louisiana a Francia, y Lewis y Clark fueran enviados por el presidente Andrew Jackson para buscar un paso por las aguas desde el río Mississippi al Océano Pacífico. El primer ferrocarril transcontinental fue construido en los Estados Unidos entre 1863 y 1869.

La segunda mitad de los años de 1800 fueron tiempos de construcción de ferrocarriles en México, y varias proposiciones fueron hechas para construir ferrocarriles en el estado de Chihuahua.

En 1880 el Gral. Manuel González es electo Presidente de la República, y entre sus primeras acciones,

> formalizó dos concesiones a empresarios norteamericanos, las cuales resultaron ser las más importantes desde que fue inaugurado el FC Mexicano en 1873. Ambas respondían a compromisos adquiridos por el Gral. (Porfirio) Díaz poco antes de entregar la presidencia a su sucesor. Una de ellas (8 de Septiembre de 1880) fue otorgada a la Cía. del FC Central Mexicano para que construyese la línea México-Paso del Norte (luego Ciudad Juárez)…con un ramal hacia el Pacífico por Guadalajara (Pérez Elías).

Esa línea, de 1,970 km, se inauguró en 1884 (Secretaría de Comunicaciones y Transportes y Ferronales), aunque parece que el tramo Jiménez-Parral no se termina sino hasta entre 1892 y 1898.

El primer tren llegó a Chihuahua, de Ciudad Juárez, la mañana del 24 de Diciembre de 1882. Allí venían Ben Wittick, el famoso fotógrafo, y su hijo, que registraron imágenes de la ciudad (Véase R.B. Brown, "Chihuahua Bound…."). Y había otras líneas que estaban llegando a las zonas montañosas de Chihuahua, a las zonas mineras y de bosques maderables.

Una de las más interesantes ideas, que nunca llegaron a suceder, fue la del Coronel James Reily, en 1862: Cito de la tesis de maestría inédita de Fred Coffey, "Intentos Confederados de Controlar el Lejano Oeste" (Universidad de Texas, Austin, 1930, según la cita de mi padre en su tesis).

En tiempos tan lejanos como los de la Guerra Civil, los tejanos estaban pensando en un ferrocarril hasta el Golfo de California. El 26 de Enero de 1862, el Coronel Reily, miembro de las Fuerzas Expedicionarias Confederadas en Nuevo México, después de negociaciones con el gobernador de Chihuahua, Luis Terrazas, en relación a la proposición de que el Estado de Chihuahua se uniera a la Confederación, escribió:

'Chihuahua es un rico y glorioso vecino y mejoraría al estar bajo la bandera de la Confederación. No hay minas iguales en el mundo como las que están a la vista de la ciudad de Chihuahua, pero que no se han desarrollado por necesitar de un gobierno estable. Debemos de tener a Chihuahua y a Sonora – y con un ferrocarril hasta Guaymas, le ofreceremos a nuestro gran estado de Texas la gran carretera de las Naciones.'

Una de las primeras personas que consideraron un ferrocarril desde los Estados Unidos y a través de la ciudad de Chihuahua, para cruzar las montañas de la sierra hasta la Bahía de Topolobampo, la ruta del actual ferrocarril Chihuahua al Pacífico, fue el ingeniero civil Albert Kimsey Owen (1847-1915). Owen había estado en México en el equipo de prospección de un ferrocarril en 1872, y fue cuando se entusiasmó con la idea de la construcción de un ferrocarril que cruzara la Sierra Madre Occidental hasta Topolobampo, conectando el este de los Estados Unidos con Asia. La Bahía de Topolobampo había sido ya considerada por sus potencialidades: promediaba 82.3 metros (270 pies) de profundidad en sus aguas, y podría contener a toda la flota de los Estados Unidos; estaba además unos 643.6 kilómetros (400 millas) más cerca de Kansas City que San Francisco.

En 1881, Owen creó la corporación Texas, Topolobampo and Pacific Railway and Telegraph Company; entre sus miembros estaba el ex presidente Grant. Owen veía a los ferrocarriles como una panacea para todos los problemas del mundo. Dijo: "Cuando los ejércitos y las legislaturas son impotentes, las locomotoras no fallan en tener éxito" (Kerr, p.36). Un equipo de personas fue enviado a Topolobampo para evaluar la bahía, el valle del río del Fuerte, ver cómo cruzar las montañas hasta Parral por Norogáchi, y para encontrar la mejor ruta a Eagle Pass, Texas. Incluidos en el equipo, estaban un hombre de negocios, el Cónsul de los Estados Unidos y un ingeniero. Sus reportes brillaban en cuanto a las posibilidades. Pero ni un solo riel fue tendido (Ver *The Texas, Topolobampo & Pacific Railroad and Telegraph Company: Reports*.). El mismo Owen hizo un viaje de prospección en mulas por la Sierra Madre Occidental en 1887. Estaba impresionado con la belleza de las montañas, los indios tarahumaras, y el completo silencio, en el que uno podía sentir la presencia de Dios (Robertson, p.93).

En conexión con sus planes para un ferrocarril, Owen se involucró con colonias de comunidades socialistas de norteamericanos en el área de Topolobampo. En los primeros años, más de 600 norteamericanos vivieron allí, pero para 1900 las cosas regresaron en mucho a lo que habían sido antes. Las duras realidades de la vida de los pioneros, desacuerdos entre los colonos, y "los inesperados obstáculos al confrontar a los promotores en México" (Pletcher, p.293), habían cobrado su precio.[1] La casa de Owen en Los Mochis es hoy un centro cultural.

Las diferentes personas que habían desarrollado planes para construir un ferrocarril a través de la Sierra Madre no fueron siempre realistas, y eran ciertamente soñadores y promotores. Por ejemplo, en el reporte del reconocimiento a Owen en 1881, el Dr. B.R. Carman dijo que "cada serrano, cada indio, tiene minas. Se les encuentra en cualquier cerro. Construye aquí tu camino, y tendrás un pueblo en cada barranca" (p.32). Y John Price agregó: "...cuando se haga la nivelación (para el ferrocarril) muchos valiosos tesoros podrán ser rescatados de los recursos naturales (p.40). Almada cita un discurso hecho por Jesús Escobar, uno de los asociados de Owen, en el *Semanario Oficial* del Estado de Chihuahua (en 1875), donde establece la posibilidad de que el ferrocarril pudiera ser completado en un solo año (tomó 86 años); decía también que la gente de Chihuahua podría hacer uso del ferrocarril para visitar la Feria de Filadelfia, y que los académicos chinos y japoneses podrían utilizar la línea para ir de Topolobampo a Austin, Texas, para observar el paso de Venus frente al sol (que ocurriría el 6 de Diciembre de 1882) (Almada, *El Ferrocarril Chihuahua al Pacífico*, p.51).

Toda la gente a lo largo de la ruta tenía grandes esperanzas en todo lo que el ferrocarril podría traer consigo.[2] El 2 de Abril de 1913 el periódico local de Alpine, Texas, *The Avalanche*, publicaba este artículo:

Primer Tren del Oriente

Aunque no hubo fanfarrias con trompetas, ni sonaron los silbatos ni se regó champaña, el ferrocarril del Oriente, el gran principio para abrir el norte de los Estados Unidos a la región de Alpine y este territorio occidental, fue completada hasta su depósito en Alpine (su terminal al sur, probable para los años venideros) la noche del Martes pasado.

No se utilizó un clavo de plata para fijar el último riel, pero no obstante, como todas las otras partes que se utilizan para este magnífico sistema de línea transcontinental, son de la mejor manufactura y habilidad de ingeniería.

---

1 Véase también de T.A. Robertson, *Utopia del Sudoeste (Una Colonia Americana en México)*, también en inglés.

2 Para conocer la lista de los principales promotores del ferrocarril, a partir de 1850, y de los ingenieros que participaron en la construcción final, véase Francisco R. Almada, *El Ferrocarril de Chihuahua al Pacífico*, pp.174-178.

Arrojando abiertamente a la colonización—pues el Texas del Oeste está todavía en su infancia—un país virgen lleno de posibilidades para el capitalista tanto como para el colono, no hay razón para no creer que la población de esta sección pronto rivalizará con nuestros condados hermanos en las partes centrales y otras de Texas.

Alpine, el término al sur del ferrocarril del Oriente, ofrece oportunidades para el capitalista que no permanecerán largo tiempo sin ser aceptadas. Uniendo a esto el hecho de que Dios nos ha dotado con un clima que no es superado en ningún otro lugar, y muy pocas veces igualado, no hay razón para que esto no pueda ser el Denver de Texas (Casey, *Alpine, Texas then and now*, p.250).

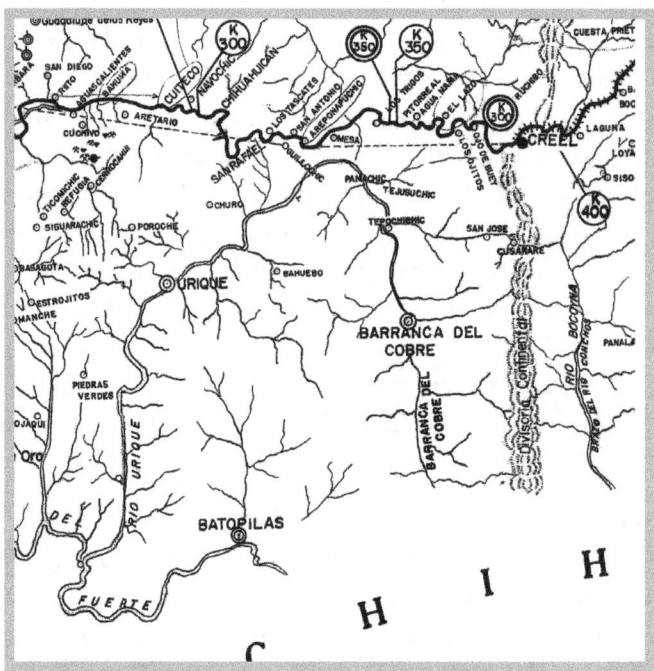

3.3. Mapa de la SCOP: En detalle se muestran los muchos ríos que cruzan los cañones por toda la sierra. Nótese el río Urique, que corta la Barranca del Cobre a través de las montañas, hacia el oeste de la división continental, antes de unirse al río del Fuerte. Al norte de la línea están los principios del cañón del río Oteros-Chínipas (1953).

3.4. El cañón de Urique cerca de donde Salvatierra vio el cañón en 1684 (foto de Don Burgess, c.2010).

El director de los ferrocarriles de México, Ulises Irigoyen,[3] tenía ideas similares para la ciudad de Chihuahua. Había hecho un viaje de reconocimiento para el ferrocarril a través de la sierra en 1939, y en un reporte presentado a la Sociedad Mexicana de Geografía y Estadística el 2 de Septiembre de 1943, titulado "Topolobampo, Salida al Mar,"[4] dijo:

> No es una utopía el pensar que una vez terminado el Kansas, la población del Estado de Chihuahua aumente diez veces más, al igual que el valor de su propiedad rústica y urbana, y se establezcan multitud de industrias; la capital del Estado llegará a ser la ciudad fronteriza más poblada y de mayor importancia comercial e industrial en el norte del país.

Una rápida mirada a la descripción del cañón de Urique, escrita por el jesuita Juan Salvatierra en 1684, da una idea de los problemas que había que encarar al intentar un ferrocarril a través de la Sierra Madre Occidental, problemas que los promotores no comprendieron:

> Fué tal el espanto al descubrir los despeñaderos, que luego pregunté al gobernador si era tiempo de apearme, y sin aguardar respuesta, no me apié sino me dejé caer de la parte opuesta al principio, sudando y temblando de horror todo el cuerpo, pues se abría á mano izquierda una profundidad que no se le veía fondo, y á la derecha unos paredones de piedra viva que subían linea recta; á la frente estaba la bajada de cuatro leguas por lo menos, no cuesta á cuesta, sino violenta y empinada, y la vereda tan estrecha que á veces es menester caminar á saltos por no haber lugar intermedio en que fijar los pies (Alegre, p.51).

Aún después de haber hecho un viaje de reconocimiento a caballo por las montañas, Owen estaba extremadamente optimista acerca de lo que se llevaría completar la línea. Dijo: "Encontramos pocos problemas para la construcción de la línea por el cañón Septentrión, de la Guaza a Bocoyna. Los túneles pueden ser evitados. Las pendientes pueden ser moderadas, y así todo promete un costo más bajo que la construcción de las líneas que cruzan la Sierra Madre en los Estados Unidos" (Robertson, p.94). Su optimismo puede verse en sus esperanzas de que los túneles podrían evitarse. De hecho, 88 túneles tuvieron que ser construidos.

Con esta introducción, entraremos en los artículos de mi padre, que cubren la obra del "Príncipe de los Promotores," Arthur Edward Stilwell, en los primeros años 1900, y la final terminación del ferrocarril por el gobierno de México en 1961. Para

---

3 A una población en la línea del ferrocarril, entre Bahuichivo y Témoris, le fue dado su nombre.

4 Mi agradecimiento a Luis Urías por aportar una copia de esta edición privada, de los archivos de la Biblioteca Prof. Luis Urías Belderráin.

establecer el escenario, citaré a Stilwell, de su libro *Cannibals of Finance: Fifteen Year's Contest with the Money Trust* (pp.126-127). Escribió:

> Antes de terminar mi capítulo, quiero pintar a mis lectores el camino del Oriente como yo lo veo: El ferrocarril Kansas City, México y Oriente es una de las más grandes empresas del presente; abre un imperio de riqueza; abre una de las arcas de tesoros del mundo, con las minas de México. Construirá un puerto que rivalizará con cualquiera de la costa del Pacífico; acorta la línea a través del continente; hace un gran corte de camino hacia la costa oeste de México y la América Central y del Sur. Junto a la línea de esta vía ferroviaria, cuando sea terminada, habrá tres centros de fundición: las fundidoras que ahora están en Chihuahua, las de la frontera y una en la costa. La madera de las montañas de la Sierra Madre encontrará un mercado tan lejos al norte como la región norte de Oklahoma. Abastecerá de todos los durmientes al oeste de Texas. A lo largo de la línea del ferrocarril terminado habrán grandes plantas beneficiando el mineral de los depósitos de grasas depositados allí desde hace mucho tiempo; a lo largo de ese camino habrán dos o tres ciudades que igualarán a Cripple Creek como centros mineros.
>
> El puerto de Topolobampo será una de las grandes ciudades del Pacífico; tendrá su propia línea de vapores al Oriente, la América Central y del Sur, Nueva Zelanda y Australia. Los vegetales que se cosechan temprano, naranjas, etc., que se producen un mes antes que los de California, irán en cargas en trenes hasta Chicago y los mercados del Este, y los 161 kilómetros (cien millas) del valle del río del Fuerte, tan rico como el valle del Nilo, contribuirán a las grandes ganancias del ferrocarril. Los cientos de miles de acres de tierras niveladas al este de Chihuahua serán irrigadas, y el cultivo de remolacha [betabel] y el algodón proveerán al norte de México con todos esos productos que podrán utilizar.[5]

Muchas cosas han sucedido desde que los artículos de mi padre fueron publicados. En 1996, por ejemplo, el ferrocarril Chihuahua al Pacífico fue vendido por el gobierno de México por 255 millones de pesos, a un grupo integrado por el Grupo México, S.A. (74%), Constructora ICA (Ingenieros Civiles y Asociados) (13%), y la Union Pacific Railroad Company (13%) (*El Heraldo de Chihuahua*, 27 de Junio, 1997). Pero la discusión de la operación del ferrocarril en los años recientes tendrá que ser el tema de otro libro.

---

5 Es interesante el hecho de que Stilwell no menciona al turismo. Para las fotos de Stilwell, Owen, Creel, etc., véase Kerr.

Mapa Dibujado en 1887, de la Prospección de Owen

Nótese que el ferrocarril iba a pasar por el pueblo minero de Cusihuiriachi. La línea final pasa unos 48.3 kilómetros (unas 30 millas) al norte por Cuauhtémoc (Un ramal se construyó de allí a Cusihuiriachi en 1911.) Nótese también que se mencionan dos posibles rutas en el área de Bocoyna y que se muestran dos Bocoynas: la de la derecha sería la Bocoyna del presente, en el nacimiento de las aguas del río Conchos. El mapa es en cierta forma vago en cuanto a dónde precisamente iría la línea, después de Cuiteco, para salir de las montañas; pero Robertson cita a Owen diciendo que la línea iría a través del cañón Septentrión, que es por donde finalmente se construyó.

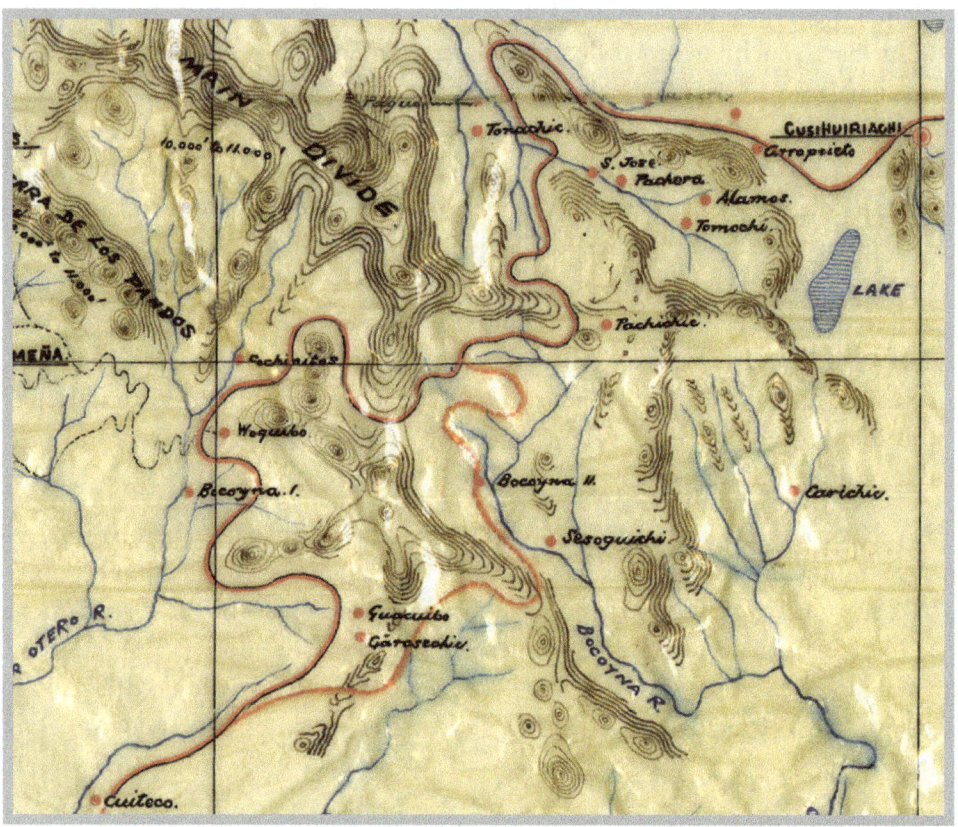

3.5. Mapa del prospecto de Owen, 1887: El detalle muestra las dos rutas a través de la División Continental en el área donde ahora están los pueblos de San Juanito y Creel (dibujado por Alfred V. Rosenzweig C.E.).

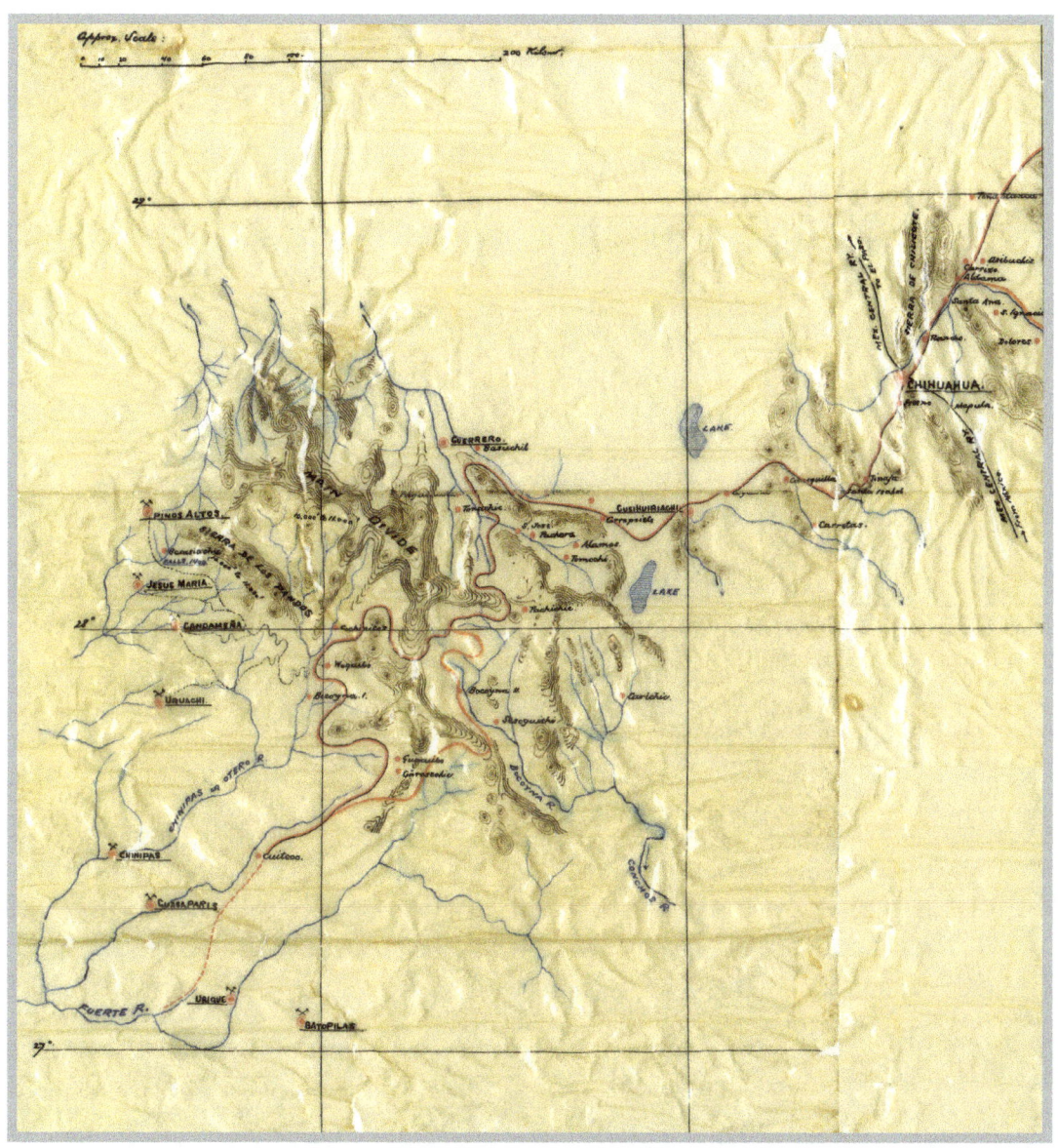

3.6. Mapa del prospecto de Owen, 1887. El detalle muestra las rutas que se proponen a través de los cañones de la sierra en Chihuahua y Sinaloa.

La Construcción
artículos de prensa por Glenn Burgess
con notas de Don Burgess

4.1. El Lazo, donde el ferrocarril da una vuelta sobre sí mismo, entre Creel y Pitoreal, fue una idea del ingeniero Francisco Togno (foto de Glenn Burgess, 1955).

4.2. Trazo general del proyecto del ferrocarril Kansas City, México y Oriente.

The El Paso Times

– Domingo, 19 de Mayo, 1957

El Ferrocarril Chihuahua al Pacífico Abrirá los Recursos de México

por Glenn Burgess
 Corresponsal del Times

A lo largo de los últimos tres años, han estado circulando noticias en el área de El Paso, Texas, de que México ha estado trabajando en la terminación de un ferrocarril de Chihuahua al Pacífico. Esta línea puede ser considerada una extensión del antiguo Kansas City, México y Oriente, y del Noroeste de México que conecta con Ciudad Juárez vía Casas Grandes.

El pasado mes de Octubre, el Presidente Ruíz Cortines, en su visita a la ciudad de Chihuahua, anunció que el ferrocarril sería terminado muy pronto.

La nueva línea abrirá amplios recursos forestales, mineros y escénicos: un territorio que solo unas pocas personas arrojadas de los Estados Unidos han conocido.

A lo que el presidente Ruíz Cortines se refería es a un espacio apartado, de unos 283 abruptos y retorcidos kilómetros (unas 176 millas), que a la fecha no tienen todavía rieles tendidos.

Éste es uno de los tres mayores proyectos de construcción de ferrocarriles en México y uno de los pocos en Norteamérica.

El proyecto se inició en 1900, cuando la idea de una ruta más corta al Pacífico, desde Kansas City, fue concebida por A.E. Stilwell, quien justo había promovido recientemente la línea del Kansas City Southern, pero la perdió ante John W. "Apuesto-un-Millón" Gates.[1] Para sacar a Stilwell de la depresión mental, sus amigos le ofrecieron un banquete de reconstrucción y apoyo moral.

LA RUTA MÁS CORTA

El banquete encontró a Stilwell camino de vuelta: Aparentemente, sin ninguna premeditación, calmadamente anunció que tenía un proyecto más grande, y mejor. Utilizando un trozo de cordel, demostró en un mapa de Norteamérica que la ruta más corta desde la mitad del continente, era desde Kan-

---

[1] Ésta línea termina en Port Arthur, Texas, población a la que se dio el nombre de Arthur Stilwell.

Pancho Villa

Friedrich Katz cita a Stilwell, diciendo: "Pancho Villa...había sido uno de mis contratistas. Tenía doce cuadrillas; yo solía darle una o dos millas de construcción, y cuando terminaban, le daba una o dos más" (p.69). Pero las cosas no estaban muy amigables entre ellos. Richard Fowler afirma: "Cuando se estaba construyendo el Oriente, él (Stilwell) le hizo un desaire a uno de sus contratistas menores (Pancho Villa) en tanto que nunca lo invitó a su carro privado" (p.106).

El ferrocarril ciertamente jugó un importante papel para Villa. Su esposa, Luz Corral, era del pueblo de Riva Palacio (San Andrés), por donde pasa el tren (Véase a Katz, p.148). En 1916, poco antes del asalto de Villa a Columbus, Nuevo México, sus hombres tomaron a 19 norteamericanos relacionados con la mina de Cusihuiriachi, que viajaban en el tren, los sacaron del carro y los fusilaron. Sólo uno pudo escapar (Véase Katz, pp.558-560 y *Gringos' Curve* por Christopher Lance Habermayer.).

A propósito de Pancho Villa, hace muchos años, cuando viajaba yo en el tren hacia la ciudad de Chihuahua, inicié una conversación con un hombre de edad avanzada, quien me dijo que era sastre y durante la revolución una vez hizo un traje a Pancho Villa. Me contó que, en el tiempo en que lo hacía, iba cada día a su casa para tomar medidas. Pero un día no fue, porque había balas volando por todos lados. Al día siguiente que fue, Villa le preguntó por qué no había ido. "Por las balas que volaban" le dijo el sastre. "No debe de preocuparse por las balas que vuelan," le dijo Villa. "Son las que le pegan de las que tiene que preocuparse."

4.3 y 4.4. La esposa de Pancho Villa, Luz Corral, en su casa en la ciudad de Chihuahua (fotos de Glenn Burgess, años 1960).

sas City al Golfo de California, a Topolobampo.

La nueva línea tendría unos 2,670 kilómetros (1,659 millas) y sería unos 644 kilómetros (400 millas) más corta que ninguna otra, de Kansas City al Pacífico. La sección dentro de México sería de unos 962 kilómetros (598 millas), conectándose con Texas en Presidio.

Dos meses después del banquete, ya Stilwell se había organizado, y para el 4 de Julio de 1900 los primeros rieles fueron tendidos en Emporia, Kansas. Para 1908, se habían completado ya 1,173 kilómetros (729 millas), con 241 millas listos para poner rieles. Pancho Villa era uno de los contratistas de construcción de la plataforma (bordo).

Gran parte del financiamiento venía de Inglaterra. Las acciones habían sido devaluadas hasta el punto de que los sobresalientes valores doblaban la inversión real inicial.

Pero para 1912, los ingenieros de Stilwell no habían encontrado una forma práctica de cruzar la poderosa Sierra Madre, y perdió el control. William T. Kemper y otros compraron la línea por 1917, por 3 millones de dólares. Levantamientos contra el gobierno en México y otros problemas, mantuvieron al proyecto lejos de ser terminado.[2]

Con el descubrimiento de petróleo en la zona de McCamey-San Angelo en 1923, el camino férreo dio señas de producir un poco de dinero. La bonanza repentina en la estación de McCamey se dice que generó $750,000 dólares en negocios en un solo mes. Sin embargo, el capital en juego se agotó, y los malos durmientes, las pendientes y los puentes estaban causando problemas financieros: El ferrocarril Santa Fe compró la línea en una cifra de más de $14 millones de dólares.

El presidente, William B. Story Jr., no encontraba a la sección de México muy valiosa, y en 1929 vendió 465 kilómetros de rieles (289 millas) y una porción sin construir de 346 kilómetros (215 millas) a B.F. Johnston, un operador de bienes raíces y azúcar, por $650,000 dólares en efectivo y una hipoteca que tenía de $900,000. Johnston dejó de pagar, y en 1940 el gobierno mexicano tomó posesión

---
2 Irigoyen, en su reporte de 1943, culpaba a la empresa ferrocarrilera Southern Pacific Railway y a otras en los Estados Unidos, por el hecho de no haberse terminado la línea KCM&O. Dijo que temían que el ferrocarril, al tener una ruta más corta al Pacífico, les quitaría sus negocios de carga. Irigoyen argumentaba que, por el contrario, el efecto sería justamente el opuesto.

4.5. Alfonso Rincón Benítez (sentado), director de construcción y rehabilitación, hablando con Jorge Togno y Don Burgess en la oficina de la ciudad de Chihuahua (foto de Glenn Burgess, 1955).

4.6. Oficinas centrales de la construcción del ferrocarril Chihuahua al Pacífico en la ciudad de Chihuahua. La penitenciaría del estado de Chihuahua se ve al fondo (foto de Glenn Burgess, 1955).

de la propiedad de Johnston, de acuerdo con su programa de nacionalización de ferrocarriles. Después, un pago nominal de $90,000 dólares fue hecho por México para dejar cubiertas por completo sus obligaciones.

EL TENDIDO DE RIELES

Cuando la empresa del Santa Fe adquirió la propiedad del Oriente, se tendieron rieles en la ruta de Kansas City a Alpine, Texas, vía Wichita, el oeste de Oklahoma, Benjamin, Sweetwater, San Angelo y Fort Stockton, Texas. En 1930, la nueva compañía adquirió derechos de vía en la Southern Pacific de Alpine por Paisano Pass, y luego construyó una nueva línea al río Bravo en Presidio. Un tren especial fue a Chihuahua el 2 de Noviembre de 1930.

Después de la depresión, y con la Segunda Guerra Mundial despuntando ya, se reconsideró que Presidio estaba más cercano al Pacífico de lo que estaba de Austin o Fort Worth, y un nuevo interés en la línea fue manifestado por el gobierno mexicano.

Una vez más, digamos, de Douglas, Arizona, a Guadalajara, México, hay una línea de distancia aérea de aproximadamente 1,367.6 kilómetros (850 millas), pero México no tenía ni rieles ni carreteras para transporte a través de la Sierra Madre Occidental. Entre Chihuahua y Hermosillo, y Durango y Mazatlán, hay distancias cortas por el aire, pero la transportación por tierra se encontraba con la barrera de las impenetrables montañas, de 1,829 a 3,048 metros de altura (6,000 a 10,000 pies), y más de 161 kilómetros (100 millas) de ancho. El futuro del desarrollo económico de la nación demandaba esos cruces.

Los ingenieros civiles mexicanos, dirigidos por Francisco Togno, asistido por sus hermanos, Ramón y Jorge, revisaron línea por línea, y finalmente decidieron que la terminación del viejo Kansas City, México y Oriente era posible. También revisaron una ruta de Durango a Mazatlán.

Cuando los hermanos Togno empezaron a trabajar, tenían 283 kilómetros por terminar (176 millas), entre la terminal occidental de Creel, en la parte oeste del estado de Chihuahua, y la terminal oriental de San Pedro en el noroeste de Sinaloa. Corrían trenes entre Ojinaga y Chihuahua, y a Creel, una distancia de 566.4 kilómetros (352 millas); y de Topolobampo a San Pedro, una corta distancia de 109.4 kilómetros (68 millas).

Sólo faltaban 283 kilómetros (176 millas) para ser terminados, y gradualmente, esta estupenda obra de ingeniería y construcción está cerrando la brecha entre Creel y San Pedro. Muchos piensan que el presidente Ruíz Cortines estaba abiertamente optimista acerca de las fechas de terminación. Pero las necesidades son demasiado grandes, y la cantidad de dinero ya invertida en la construcción de pendientes, cortes, rellenos, túneles y puentes es ya demasiada para detenerse ahora.

El sueño del no muy práctico promotor A.E. Stilwell está llegando a una rápida culminación. Y muchos de los beneficios que predijo también serán una realidad.

OBTIENE UN NOMBRE

La nueva línea férrea será conocida como Chihuahua al Pacífico, y por algún tiempo ha estado operando bajo ese nombre. Es un proyecto propiedad del gobierno, quien lo opera también. El trabajo de construcción está bajo la dirección de la Secretaría de Comunicaciones y Obras Públicas, SCOP.

Francisco Togno, ingeniero civil, está ahora a cargo de toda la construcción de ferrocarriles en México, pero el Chihuahua al Pacífico es sin duda su proyecto preferido: conoce cada metro de la línea.

Creel

Durante los primeros años de 1900, el nombre "Chihuahua al Pacífico" estaba siendo usado ya para la línea que iba hacia el oeste desde la ciudad de Chihuahua, y que estaba siendo promovida por el gobernador de Chihuahua y el Embajador de México en los Estados Unidos, Enrique Creel.

El padre de Enrique Creel, Reuben, había nacido en Greensburg, Kentucky. Durante la guerra México-Norteamericana de 1846 a 1848 sirvió como intérprete. Después de la guerra permaneció en Chihuahua, contrayendo matrimonio con una joven de la familia Cuilty, de ascendencia irlandesa. Fue nombrado Cónsul de los Estados Unidos en Chihuahua por el presidente Lincoln (1863-1866).

Enrique Creel, por quien se dio el nombre a la última estación del ferrocarril construida, estaba casado con una hija de Luis Terrazas, quien fuera gobernador del estado y uno de los terratenientes más grandes de todo el mundo. Creel se convirtió en vicepresidente del Kansas City, México y Oriente.

Antes de la fundación del pueblo de Creel, había allí una ranchería tarahumara llamada Segórachi, Lugar de Renacuajos. Otro rancho cercano era de nombre Rochibo, que se refiere a un área plana donde crece una planta silvestre conocida como *rochíware*, o quelite de invierno, que es comestible.

4.7. DENTRO DE LAS SIERRAS. Desde el final de la línea férrea, el Chihuahua al Pacífico se hunde en la volcánica y abrupta Sierra Madre Occidental. El lecho de la vía es por ahora una buena carretera. Este escenario es al oeste de Creel (foto de Glenn Burgess, 1955).

4.8. EL FINAL DE LA LÍNEA—El fin de la línea es Topolobampo, el puerto natural más grande entre San Francisco y Chile.

PESCADO FRESCO—Pescado fresco del Pacífico será embarcado en la línea terminada, hasta El Paso, Texas, y las ciudades en el centro del continente. Mostrando un halibut, unos trabajadores de la planta refrigeradora en Topolobampo. Al fondo, la bahía de más de 18 kilómetros (11 millas) (foto de Glenn Burgess, 1955).

Fort Worth Star-Telegram

– Agosto 20, 1957

El Efecto que se Ve en la Economía de Texas
El Trabajo en Dos Ferrocarriles de las Montañas de México que Rápidamente se Acercan a su Terminación

por Glenn Burgess

La gente de los Estados Unidos ha olvidado ya sus días de construcción de ferrocarriles, pero no sucede lo mismo en México.

Un constante y persistente trabajo en al menos dos ferrocarriles escénicos de montaña está llevando a su término los sueños de transporte que se iniciaron en los días del presidente Porfirio Díaz.

La terminación de estos ferrocarriles afectará la economía de Texas, especialmente el oeste tejano, y al centro del continente de los Estados Unidos.

El viejo ferrocarril Kansas City, México y Oriente, ahora conocido en México como el Chihuahua al Pacífico, unirá el oeste de Texas con el Golfo de California. Para lograrlo, se requieren 282 kilómetros de construcción (175 millas), que incluyen una serie de cortes, rellenos y túneles a través de abruptas montañas.

El lejano golfo de California no es tan lejano cuando se estudia el mapa: Topolobampo, el término occidental del ferrocarril, es tan cercano a Presidio, Texas, como Presidio de Fort Worth. Mazatlán, la joya del Pacífico, al sur del Trópico de Cáncer, otro eslabón de la línea, está tan cercana a Alpine, como ésta de Galveston. La Barranca del Cobre, un cañón abismal de al menos 1,829 metros de profundidad (6,000 pies), está más cerca de Presidio de lo que lo está San Ángelo.

SERVIRÁ UNA VASTA ÁREA

Este nuevo ferrocarril servirá a la más grande reserva de pinos ponderosa y encinos que queda en Norteamérica; a fabulosas minas de cobre, plata y otros metales; a uno de los más grandes imperios de la agricultura en el continente; dos de los mejores puertos en el Pacífico; las mecas del turismo, tanto en las montañas como en el Pacífico, y una industria pesquera que incluye la planta refrigeradora más grande en el mundo para camarones.

4.9. El ingeniero Duarte y otro ingeniero, quizá David Ávila, trabajando sobre los planos del ferrocarril (foto de Glenn Burgess, 1955).

4.10. Las familias de los ingenieros con frecuencia vivían con ellos en los campamentos. Aquí se ve a José Duarte Espinoza y su familia, probablemente en Areponápuchi (foto de Glenn Burgess, 1955).

El Reto de la Sierra Tarahumara

Acortando la distancia entre Kansas City y el Pacífico en 644 kilómetros (400 millas), es posible que este ferrocarril inicie un flujo de carga del Oriente. Llevará verduras frescas, frutas y pescados a los mercados de productos en San Luis y Chicago.

Años atrás, Arthur Stilwell, promotor del ferrocarril, tomó el mapa y descubrió que podía alcanzar el Pacífico construyendo un ferrocarril hacia el suroeste de Kansas City, a través de Childress, Sweetwater, San Angelo, Fort Stockton, Alpine y Presidio, Texas, y luego a Topolobampo vía la ciudad de Chihuahua.

Organizó el ferrocarril Kansas City, México y Oriente, todavía una sociedad anónima, y empezó trabajos de prospección desde hace tanto como 1904. Cuando se retiró, había todavía grandes huecos, tanto en los Estados Unidos como en México, y el sistema ferroviario Santa Fe se convirtió en el dueño del KC-MyO; el gobierno mexicano tomó después posesión de la sección mexicana.

TERMINANDO EN 1930

El Santa Fe terminó el trayecto entre Alpine y Presidio el 2 de Noviembre de 1930, cuando 200 tejanos, tripulando un tren especial a la ciudad de Chihuahua, vieron a Luís L. León, representante personal del presidente Ortiz Rubio, clavar un último clavo de plata.

En México, el ferrocarril fue construido de Ojinaga al río Bravo o Grande y a la ciudad de Chihuahua, y luego hasta Creel[1], al oeste de la División Continental, 290 kilómetros (180 millas) al oeste de Chihuahua.

Los reportes en 1930 eran en el sentido de que México iba a completar el ferrocarril en corto tiempo, pero el país tuvo también su propia depresión económica y parecía como si el sueño de Stilwell nunca se habría de materializar.

Sin embargo, empresarios e ingenieros mexicanos, especialmente los tres hermanos Togno, comprendieron que esta parte de México debería tener un ferrocarril antes de que pudiera desarrollarse. Una parte de terrenos montañosos tan grande como la Louisiana, carecía tanto de carreteras como de ferrocarriles, y esa zona tiene tremendos recursos naturales.

Equipos de prospección fueron enviados a la Sierra Madre, entre San Pedro, Sinaloa, al oeste, y Creel, Chihuahua, en el este. A partir de lo que registraron, la Secretaría de Comunicaciones y Obras Públicas, conocida como SCOP, elaboró y presentó los planes al presidente Ruíz Cortines, quien ahora

---
1 El ferrocarril llegó hasta Creel en 1907.

Los Menonitas

En 1874, 10,000 menonitas dejaron Rusia para ir a los Estados Unidos, y otros 8,000 se fueron al Canadá. Luego, entre 1922 y 1926, 6,000 de los menonitas canadienses migraron a Cuauhtémoc, y, en 1924, 1,000 se fueron de Canadá al estado de Durango.

Llegaron a Cuauhtémoc en 36 trenes especiales con todo lo que podrían necesitar, incluyendo animales. La transición no fue fácil: tuvieron que aprender a hacer adobes para construir sus casas, y algunas de las cosechas que solían levantar en Canadá no se dieron bien en México.

El viaje fue de hecho intimidatorio: La revolución en México apenas había oficialmente terminado dos años antes, y Pancho Villa estaba todavía vivo. Los menonitas me contaron cómo estaban asustados sus abuelos al cruzar en Ciudad Juárez para internarse en México, porque los mexicanos – gente de distinto color, que hablaban una lengua diferente – saltaban al tren, y se colgaban ante las ventanas sólo para ver a esa extraña gente tan blanca.

Cuando el tren dejó la ciudad de Chihuahua, para poder ascender por la inclinada pendiente hacia Cuauhtémoc, los maquinistas del tren tuvieron que desconectar algunos de los carros para luego regresar por ellos. Al no entender lo que sucedía, algunos de los menonitas estaban realmente asustados. Una menonita me dijo que su abuela, que estaba con el primer grupo, era ciega. Y sólo podemos imaginar lo que sucedía en su mente.

Hoy en día, hay aproximadamente unos 40,000 menonitas en Chihuahua y otros 40,000 en siete distintos estados de México. Algunos más han establecido residencia en otros países de América Latina y en lugares como Seminole, Texas.

Las personas que atienden el Museo Menonita cerca de Cuauhtémoc, como Lisa Wolf y Enrique Wolf, tienen amplios conocimientos de su historia y son muy amables para atender a los visitantes. Véase también "Mennonites," *Handbook of Texas* por Gary S. Elbow; *Puerta a la sierra: Recuento histórico de Cuauhtémoc* por Victoriano Díaz Gutiérrez (cronista de la ciudad de Cuauhtémoc); y *Ein feste Burg ist unser Gott (Der Wanderweg eines christlichen Siedlervolkes)* por Walter Schmiedehaus.

4.11. Abram Thiessen tenía cuatro años cuando llegó a Cuauhtémoc en 1922. Sólo él y Cornelio Rempel, además de algunas mujeres de aquel primer grupo de inmigrantes, viven en el año de 2012 (foto por Don Burgess, 2012).

está comprometido a terminar el ferrocarril Chihuahua–Topolobampo en tres años.

En la sección oriental, entre Creel y Témoris, de unos 150 kilómetros (93 millas) hay tres modernos campamentos para los ingenieros de la SCOP. Siete pequeños contratistas están trabajando. En el final al occidente, de San Pedro a las Guazas en el río Chínipas, la Compañía Constructora El Águila, la más grande de México, está trabajando en 80.5 kilómetros (50 millas) de plataformas para las vías. En el lado oeste, hay tres campamentos de la SCOP, y la Compañía El Águila está terminando 2.5 kilómetros al mes (1.55 millas), en desniveles y drenajes.

CAMINOS DE TERRACERÍA

Caminos de terracería siguen la ruta del ferrocarril, con excepción del cañón Septentrión, justo al este de Las Guazas. Este cañón es de 34 kilómetros (21 millas), y el personal de El Águila planea tener un camino de terracería para camiones y vehículos todo terreno, que lo atraviese, en no más de 12 meses.

La ruta general desde Chihuahua corre hacia el suroeste y sigue la línea de drenaje de las pendientes occidentales de la Sierra Madre. Al salir de Chihuahua, el ferrocarril corta a través de montañas bajas hasta el valle de Cuauhtémoc, donde se practica una agricultura de temporal. Justo en las afueras de esta ciudad está la bastante grande colonia de menonitas que emigraron del Canadá a Cuauhtémoc. Sus casas, pozos con molinos de viento y gran-

---

Caminos en la Sierra Madre

Solo un comentario sobre los caminos, del artículo que escribí para el *Alpine Avalanche* el 20 de Agosto de 1959, después de pasar seis semanas trabajando en la Sierra Tarahumara:

Durante la temporada de lluvias, el transporte se convierte en un problema, porque los caminos muchas veces son arrastrados por las aguas o cubiertos por derrumbes de las laderas. En una ocasión, por ejemplo, tuvimos que dejar nuestro camión a causa de un gran derrumbe, y caminar varios kilómetros, hasta donde estaba un Jeep: no tenía parabrisas, ni luces para los túneles, ni frenos, y tuvimos que utilizarlo para salir, subiendo desde el fondo de un cañón de unos 990 metros de profundidad. Cada vez que deseaba tomar una fotografía, como no podíamos detener el vehículo, yo saltaba fuera, tomaba la foto, y luego corría hasta alcanzar el Jeep. En cierto lugar, pasamos junto a una roca de unos 23 metros de altura, que había caído hasta el camino.

4.12. CAMPAMENTO DE LOS INGENIEROS—Areponápuchi, al oeste de Creel, en la región boscosa, establecido desde 10 años antes. Los ingenieros que trabajan en la nueva línea férrea hacia la costa occidental, tienen allí sus habitaciones (foto de Glenn Burgess, 1955). [Los ingenieros se referían a este campamento como la Universidad de Arepo, porque eran muchos los jóvenes ingenieros que aprendieron topografía del ingeniero Francisco Togno en ese lugar. El nombre Areponápuchi está integrado lingüísticamente por tres palabras tarahumaras, unidas en una: *alé*, "allí"; *epó*, "lugar plano"; y *napuchi*, "un paso" a través de la montañas.]

4.13. EL NÚCLEO DE UNA NUEVA POBLACIÓN— Una comunidad llamada Anáhuac, fue construida para albergar a las familias de 2,500 trabajadores que serían empleados en la planta de celulosa instalada junto a la línea del nuevo ferrocarril Chihuahua al Pacífico, cerca de Cuauhtémoc, a unos 64.4 kilómetros (40 millas) al oeste de la ciudad de Chihuahua (foto de Glenn Burgess, 1955).

El Reto de la Sierra Tarahumara

jas, semejan un antiguo asentamiento alemán de las praderas de Dakota.

A unos cuantos kilómetros al este de Cuauhtémoc, una gran planta de celulosa o pulpa de madera está cerca de ser terminada. Iniciará operaciones al final del otoño, es de diseño italiano, y utilizará pequeños árboles de pino y ramajes que no son susceptibles de ser maderados. Tendrá su abastecimiento del distrito de Creel y está íntimamente ligada a Maderas de Chihuahua, una compañía maderera establecida hace bastante tiempo.

El molino está ubicado en un valle que recuerda el área de Marfa, Texas, es decir, llanuras altas o mesas, y será una comunidad completa en sí misma (que se llamaría Colonia Anáhuac). Mil doscientas personas serán empleadas.

Al oeste de Cuauhtémoc, el ferrocarril cruza la División Continental en una relativamente baja altitud, y se abre camino entre el trigo, el maíz y los huertos de manzana del valle alto, con La Junta como su centro. En La Junta, una rama del ferrocarril va hacia el norte, a Casas Grandes, y luego a Ciudad Juárez.

La línea que sigue hacia el Pacífico, 48.3 kilómetros (30 millas) al oeste de la Junta, entra en la región de bosque, con sus pinos ponderosa, pino real y encino fino. Ocho kilómetros más allá (5 millas), vuelve a cruzar la División Continental y entra en San Juanito, que tiene una población de 2,300 personas, a un altitud de 2,420 metros sobre el nivel del mar (7,937 pies). Aquí las lluvias escurren al río Conchos, que se une al río Bravo en Presidio y Ojinaga.[2]

LAS MONTAÑAS JÉMEZ

La región de San Juanito es similar al terreno de las montañas Jémez alrededor de Los Álamos, Nuevo México. Es el principio del territorio indio de la Tarahumara.[3] La mayor parte de sus ingresos se derivan del corte de madera.

A casi 39 kilómetros (24 millas) al suroeste de San Juanito, y en el costado del Pacífico de la División Continental, está Creel, el final de la línea férrea. Su población es de unas 1,500 personas, en un altitud de 2,408 metros (7,900 pies) s.e.n.m.[4] Es un pueblo maderero y minero. De

---
2 San Juanito fue fundado como estación del ferrocarril en 1903, con el nombre de un rancho que allí había. El primer edificio, construido de piedra para el ferrocarril, a un lado de las vías, cerca del centro del pueblo, está todavía en uso (Véase de Carlos Jaime, *San Juanito, Crónica de lo que el tiempo dejó.*

3 Ver "Efectos del Ferrocarril en las Culturas Locales" al final de este libro.

4 El geógrafo Dr. Robert Schmidt da una altitud de 2,328.7 metros (7,640 pies). Ver su mapa (International Map Co. UTEP, Box 400, El Paso, TX 79968).

La Construcción

4.14. La mina de cobre de La Bufa, vista desde La Noria, donde vivían los ingenieros (foto de Glenn Burgess, 1955).

4.15. La mina de cobre de La Bufa, con letreros indicadores (foto por Glenn Burgess, 1955).

El Camino a la Mina de Cobre de La Bufa

Glenn escribió: "Un camino panorámico, de 193 kilómetros (120 millas) cruza dos cañones que más al oeste forman la Barranca del Cobre, para llegar hasta la mina de La Bufa en el río Batopilas, que debe de ser una de las locaciones más fantásticas para una mina en toda Norteamérica."

José Gándara, del Departamento de Turismo de Pemex, le escribió a Glenn una descripción del área, y dijo del camino que desciende a la mina: "El camino está bien trazado, fácil para las llantas, pero difícil para los nervios, pues en tanto que es llano, es angosto, y serpentea a lo largo de los bordes de precipicios, que lo hacen uno de los más entusiasmantes viajes que uno puede hacer."

Erle Stanley Gardner lo puso así:

Lo que hace al camino tan espantoso, es la comprensión de que si cualquier cosa va mal, uno se ve completamente indefenso.

Una plancha de 1 metro de ancho es un bulevar si se le levanta solo 60 centímetros sobre el nivel del suelo. Uno puede saltar a la cuerda encima, caminar, correr o acostarse en ella.

Pero tomen esa misma plancha de un metro de ancho y pónganla a través de un abismo abierto de 1,500 metros y se verán arrastrándose por ella, aferrándose a los bordes, y estarán cubiertos de sudor para cuando lleguen al otro extremo – eso si no ha sucedido que se cayeron en el trayecto (p.245).

El camino está siendo ahora pavimentado.

4.16. Tarahumar tocando la flauta, en los dibujos en una olla hecha por los ceramistas de Mata Ortíz, Chevo Ortega Moreno y su esposa: él hace las ollas y ella pinta los diseños originales (foto por Don Burgess, 2012).

4.17. Trazo del ferrocarril del Noroeste, Juárez a La Junta, y del Chihuahua al Pacífico.

El Ferrocarril del Noroeste de México

Esta línea, Noroeste de México, fue terminada en 1909 (Véase Almada, *El Ferrocarril de Chihuahua al Pacífico*, pp.156-157.). Conectaba la ciudad de Chihuahua con Juárez, pasando por algunas de las zonas madereras y mineras del oeste de Chihuahua.

La historia de la línea es muy interesante, no solo desde el punto de vista del papel que jugó en la revolución mexicana, como cuando "un grupo de bandidos incendió un túnel...justo antes de que entrara en él un tren de pasajeros, dinamitando ambos extremos...de manera que los pasajeros murieron quemados o asfixiados" (Katz p.415); pero también desde el punto de vista de los coloridos personajes que estuvieron involucrados con este ferrocarril, como el dueño de las minas de cobre de Cananea, Coronel William C. Greene (Véase, de C.L. Sonnichsen, *Colonel Greene and the Copper Skyrocket*.), el Senador George Hearst, padre de William Randolf Hearst, que fue propietario de un enorme rancho en esa zona (Véase, de J.L. Kerr, *Destination Topolobampo*, pp.107-119.), y el ingeniero electricista y empresario Frederick Stark Pearson, quien era propietario de un gran aserradero en esa región. El pueblo que creció alrededor fue llamado Pearson, que hoy en día es el pueblo de ceramistas de Mata Ortíz. Pearson y su esposa murieron en el hundimiento del Lusitania por un submarino alemán durante la Primera Guerra Mundial (Véase de Parks, *The Miracle of Mata Ortiz*.).

Viajé en esta línea cuando fui a trabajar en la construcción en 1959, saliendo de Juárez. El tren se detuvo en Madera toda la noche, y los pasajeros tuvieron que dormir en el piso de la estación.

El Reto de la Sierra Tarahumara

aquí hay solo un corto viaje a la Barranca del Cobre y el río Urique.

Un camino panorámico, de 193 kilómetros de largo (120 millas), cruza dos cañones en lo alto de la Barranca del Cobre para llegar hasta la mina de La Bufa, en el río Batopilas, que es una de las más fantásticas locaciones para una mina en Norteamérica.

Desde Creel, los primeros prospectores de Stilwell partieron a pie, en mulas y a caballo, hacia el puerto de Topolobampo.

La totalidad de los 282 kilómetros (175 millas) de vías férreas por terminar se encuentra en el terreno montañoso boscoso. El ferrocarril ya terminado será, en cada metro, de quitar el aliento: Cortes de más de 30 metros de profundidad (100 pies), túneles (uno de ellos de casi dos kilómetros de largo, más de una milla), pendientes que se cuelgan de los costados perpendiculares de la montaña, y corrientes de agua que se precipitan y deben ser cruzadas, dominan la ruta. En estos 282 kilómetros, el ferrocarril bajará desde los 2,474 metros de altura (8,118 pies) hasta casi el nivel del mar, de los bosques de las más elevadas montañas a la vegetación tropical.

En cierto punto, a sólo 58 kilómetros (36 millas) al suroeste de Creel, el pasajero se encontrará rodeado por los bosques de pino, y en Enero, posiblemente por la nieve. Desde las ventanas del tren, no más de 5 kilómetros más lejos (3 millas), y casi 2 kilómetros más abajo (1 milla), erá naranjos y árboles de aguacate. Tan importante desde el punto de vista del turismo, que Francisco Togno[5] prevé que trenes aerodinámicos correrán desde Chicago, a través del oeste de Texas, a Chihuahua, y luego sobre las montañas hasta Mazatlán.

---
5 El Ingeniero Togno era jefe de la construcción del ferrocarril en esta época.

Los Tarahumares y el Campo de Golf de la Mina de Cobre de La Bufa

En la cima de la barranca, los mineros construyeron un campo de golf. Después de observar el juego por un tiempo, algunos tarahumares empezaron a hacer sus propios palos de golf con ramas de encino, y luego jugaron con los mineros, para vencerlos. Un par de ellos fueron llevados a Juárez para jugar en un torneo, pero uno de ellos se lastimó al saltar de un alto trampolín en una alberca. Vi uno de los palos, muy bien hecho, en El Paso, en la casa de la viuda del antropólogo Robert Zingg, que con su compañero Wendell Bennet, pasaron un año en la zona tarahumara de Samachique, en los años 1930.

4.18. FRECUENTES TÚNELES—Muchos túneles se perforan a través de rugosas montañas a lo largo del ferrocarril Chihuahua al Pacífico. Pocos son rectos y la mayoría se sostienen por sí mismos, pero éste tiene soportes de concreto y piedra (foto por Glenn Burgess, 1955).

4.19. PROFUNDO CORTE PARA LAS VÍAS—Los rieles del ferrocarril Chihuahua al Pacífico serán tendidos a través de este profundo corte, hecho por equipos de trabajadores norteamericanos hace muchos años cerca de Creel (foto por Glenn Burgess, 1955). [Este corte, conocido como Cuatro Vientos, por los fuertes vientos que lo azotaban al través, fue hecho principalmente con el uso de dinamita, picos y palas. En la actualidad, tiene un falso techo de túnel para evitar la caída de rocas en la vía.]

Posibles Rutas para el Ferrocarril Chihuahua al Pacífico

Numerosas rutas fueron estudiadas a través de los años. El ingeniero José Eloy Yáñez hizo una lista de once, entre las que tuvo que decidir Francisco Togno ("Apuntes Históricos de las Rutas..."). Algunas de estas rutas incluían el bajar al fondo del cañón Oteros, que luego se convierte en el cañón de Chínipas. Otra, bajar al cañón de Urique con un sistema de ruedas dentadas para llevar al tren abajo y arriba de las inclinadas pendientes. La decisión final fue la de ir al fondo del cañón Septentrión.

Owen hizo un viaje de prospección en 1887. Ulises Irigoyen, junto con otros, hizo otro viaje de reconocimiento en 1938, y en 1939 el historiador y entonces gobernador del estado, Francisco R. Almada, originario de Chínipas, acompañó a varios ingenieros en una prospección a través de las montañas (Almada, *El Ferrocarril...* pp.137-139). Los hermanos Togno, Francisco, Jorge, Ramón, y otros, pasaron varios meses en 1941 caminando y escalando esos cañones, tratando de encontrar la mejor ruta. Kerr menciona un viaje de reconocimiento hecho por uno de los ingenieros del ferrocarril Santa Fe en 1928 (p.173). Una de las razones por las que fue escogido el cañón Septentrión para la ruta puede encontrarse en una carta del ingeniero Fred Fitch, que escribió en 1881 (*The Texas, Topolobampo & Pacific Railroad and Telegraph Company: Reports*, p.43):

> La cordillera de montañas de la Sierra Madre, que atraviesa a México, es, en general, muy quebrada: tangentes irregulares y curvas, cortadas por profundas gargantas y hondonadas (cañones), que no asumen un curso regular en sus direcciones. Una muy notable y muy sobresaliente excepción a esto, es el cañón o barranca Setentrion [sic.], que corta esta encumbrada cordillera desde sus cumbres hasta su base. Esta barranca sigue un curso general de N 30 grados E, por una distancia de 150 kilómetros (93 millas), poco más, poco menos, y forma la única abertura natural factible a través de las montañas, que ofrece un grado fácil para superar los 1,829 metros (6,000 pies), más o menos, que la vía debe alcanzar.

Glenn escribió en su tesis, respecto al trabajo de prospección de los hermanos Togno: "El mapeo y trabajo de ingeniería tuvo que ser hecho sin el beneficio de mapas aéreos o de contornos y niveles. No se habían establecido todavía puntos de elevaciones. Durante muchos meses, el ingeniero Togno y su joven esposa vivieron en esos apartados lugares. Después de que pudo establecer una cadena de campamentos de ingeniería, hizo un viaje de Creel a Choix, un pueblo cerca de El Fuerte, cada dos meses, a lomo de caballo: un viaje redondo de una distancia de más de 566 kilómetros (352 millas), que le tomaba 12 días realizar."

Una señora, dueña de un apartado y gran huerto de cítricos en Huachajuri, no lejos del río Chínipas, me dijo que el huerto fue creado en la esperanza de que el ferrocarril pasara cerca, pero no fue así. Finalmente, se escogió la vía más corta, la que había sido sugerida por Owen desde los años 1880, el cañón Septentrión.

Algunas líneas ramales fueron también discutidas, como una línea al mineral de Batopilas y a Urique, la que, de haber sido intentada habría implicado hazañas de ingeniería muy interesantes. Una línea de Cuauhtémoc a las minas de Cusihuiriachi fue terminada en 1911, la que, de acuerdo con Díaz Gutiérrez, era parte del ferrocarril del Noroeste, que va de La Junta a Casas Grandes y a Juárez (pp.21-22).

The El Paso Times

– Martes, 24 de Septiembre, 1957

Ferrocarril Para Unir a Sinaloa, El Paso y Presidio

por Glenn Burgess
   Corresponsal del Times

Topolobampo, Sinaloa, México
—En muchos aspectos, el estado mexicano de Sinaloa representa la "olla de oro" al final del arco iris para los hombres de negocios del área de El Paso y Presidio. Esto será verdad, especialmente, un año después del próximo Noviembre, cuando el ferrocarril Chihuahua al Pacífico está programado para iniciar operaciones de trenes entre El Paso y Presidio, y Topolobampo en la costa del Golfo de California.[1] Para muchos pescadores y turistas, Mazatlán, en la esquina suroeste de Sinaloa, será su respuesta final.

Sinaloa se está convirtiendo rápidamente en uno de los imperios agrícolas más ricos de Norteamérica. El puerto de Topolobampo será el puerto más cercano del Pacífico para el centro del continente en los Estados Unidos, en tanto que Mazatlán está programado para ser la metrópoli tanto comercial como turística de la costa oeste, de todo México. Topolobampo está más cerca de Presidio que Austin, Waco y Fort Worth; y Mazatlán tiene la misma distancia aérea en línea que Corpus Christi y Waco. La terminación del ferrocarril Chihuahua al Pacífico hará de esta mágica región parte de la economía de El Paso, Presidio, Alpine y otros puntos al noreste.

Para llegar hasta las regiones agrícolas de Sinaloa, el ferrocarril, iniciado en Kansas City en 1900, tiene que cruzar la poderosa Sierra Madre,[2] abriéndose paso por el cañón Septentrión en la frontera entre Chihuahua y Sinaloa. Al atravesar este cañón de 34 kilómetros (21 millas), el ferrocarril pierde altura rápidamente, luego hay 32 kilómetros (20 millas) de pie de monte semitropical, que llevan las vías hasta las primeras llanuras de riego de Sinaloa. Justo después de salir de la barranca del río Chínipas, las vías tienen

---
1 No fue terminado sino hasta 1961.

2 Nótese que ésta no es la Sierra Madre que hiciera famosa Humphrey Bogart en la película *El Tesoro de la Sierra Madre*, que se trataba de la Sierra Madre Oriental, no la Occidental.

que cruzar un túnel de 1,539.5 metros (5,051 pies) de largo.[3]

CORRIENDO A LO LARGO DE RÍOS

Desde Creel, el actual fin de la línea de Chihuahua, el ferrocarril va paralelo a la corriente principal del río del Fuerte: primero el río Urique y su profunda Barranca del Cobre, y luego el río del Fuerte mismo. El río del Fuerte en realidad deja las montañas en el cañón de Huites, donde el gobierno de México planea una presa hidroeléctrica de 183 metros (600 pies) de altura.[4] A una corta distancia debajo de este cañón, el ferrocarril cruzará el río del Fuerte sobre un puente de 480 metros de largo y 50 de altura. A solo unos cuantos kilómetros de este puente, hasta la punta actual de la vía en Sinaloa, está el pueblo de San Pedro. Hay ahora un tren que corre los 124.8 kilómetros (77.6 millas) de San Pedro a Topolobampo.

La presa Mahone o San Miguel, en San Pedro, es la más importante clave de la creciente prosperidad agrícola de Sinaloa; fue completada en Febrero de 1956. Es una presa de tierra de 65.8 metros de altura (216 pies) y casi 3 kilómetros de largo (1.86 millas). El proyecto costó 160 millones de pesos. Abre 202,430 hectáreas (500,000 acres) de nuevas tierras de irrigación, que darán apoyo a unas 310,000 personas más.

Si toda esta tierra se sembrara de algodón, produciría tanto como todo el conjunto de condados productores de algodón de las llanuras del sur de Texas.

CONSTRUIR CANALES

Entre la presa y el golfo de California hay una llanura extremadamente rica y nivelada, con la caída justa para drenar el profundo suelo. La llanura recibe ahora lluvias insuficientes para producir cosechas, sin embargo, y está cubierta de matorrales espinosos y cactos. El costo de limpiar y reparar estas tierras es de aproximadamente $692 pesos por hectárea ($22.40 dólares por acre, cuando el tipo de cambio estaba a $12.50 pesos por dólar). Para distribuir el agua, habrá 161 kilómetros (100 millas) de canales principales y unos 200 kilómetros de canales laterales (124 millas).

Los planes originales requerían que el 70 por ciento de los cultivos sean mecanizados.

---

[3] La oficina de Ferromex da una longitud de 1,836 metros (6,024 pies). El último mapa por Schmidt le da una longitud de 1,818.43 metros (5,966 pies). De acuerdo al ingeniero Leal, este túnel tuvo que ser construido en razón de los planes para construir la presa Huites, que harían que las aguas se regresaran a las áreas que de otra manera serían utilizadas por el ferrocarril.

[4] La presa Huites fue terminada en 1995.

Hay colonos que llegan de todo México y aún algunos pocos de Texas y Nuevo México. El estado de Sinaloa está aportando alrededor del 80 por ciento de los nuevos granjeros.

Antes de la construcción de la gran presa, el Valle del Fuerte producía algodón, azúcar, trigo, tomates, garbanzos y maíz. La cosecha de tomate madura más temprano aquí que en cualquier lugar de los Estados Unidos y establece precios altos. Frutos y otros vegetales también son cultivados en este clima semitropical.

El pueblo de Los Mochis, sobre el Chihuahua al Pacífico y a casi 20 kilómetros (12 millas) de Topolobampo, es el que más se estará beneficiando de esta nueva presa. Fue establecido en 1902 y tenía 30,000 habitantes en 1955. Sus amplias calles y sus actividades recuerdan las de los primeros pueblos en el Mango del Sartén de Texas [Texas Panhandle] y los de las Llanuras del Sur [Oklahoma y Texas].

GRAN REGIÓN AGRÍCOLA

La región agrícola del Chihuahua al Pacífico se extiende desde Ciudad Obregón, desde 242 kilómetros (150 millas) al norte de Los Mochis hasta Culiacán, capital de Sinaloa, 200 kilómetros al sur (124 millas). El río del Fuerte es uno de los 12 ríos que caen de las húmedas y escénicas Sierras Madre, y cruzan luego las fértiles llanuras hasta el golfo de California. El río Tamazula en Culiacán tiene la presa Sanalona que encierra aguas que producen $140,500,000 pesos en cosechas. Antes de la presa Mahone, el Valle del Fuerte producía $145,107,000 pesos en cosechas. Los otros 10 ríos de Sinaloa esperan la construcción de presas.

Cuánto será el valor de la nueva producción del distrito de riego de la presa Mahone está por verse, pero llegará a los millones de dólares por año.

Mazatlán tiene ya un avance en Sinaloa en la importación de algodón y otros productos agrícolas. El pueblo es tan importante que los funcionarios del Chihuahua al Pacífico tienen el sueño de tener un tren del tipo vista-domo desde Chicago hasta San Blas (cerca de Topolobampo) y hasta Mazatlán, entrando a México por Presidio y Ojinaga. Los cargueros de todo el mundo calan en el puerto de Mazatlán. Pescadores de California, Arizona, Nuevo México y Texas, creen que de Topolobampo a Mazatlán están las mejores aguas de pesca de todo el continente.

El clima de Mazatlán es considerablemente más equilibrado que el de Acapulco: las temperaturas en el verano van de los 21°C a los 29°C (70°F a los 85°F), y en el invierno de 21°C a 23.8°C (70°F a 75°F). Veinte grados

4.20. Construcción de la presa Mahone o San Miguel con detalles del mapa de la SCOP de 1953 (foto por Glenn Burgess, 1955).

centígrados (sesenta y ocho grados Fahrenheit) es la temperatura mínima registrada, y treinta y un grados la máxima (ochenta y ocho Fahrenheit). Como lo afirmó un hombre que construye un hotel de 400 suites, Mazatlán es el lugar donde la gente de Florida va a pasar el invierno.

UN LIMPIO MERCADO

La salud de la gente de Mazatlán es buena. Los pantanos han sido secados, los mosquitos erradicados, y el grande mercado de la ciudad es probablemente el más limpio en México.

A excepción de la pesca de camarón, el futuro de Topolobampo yace en el futuro. Se afirma que tiene la más grande planta refrigeradora de camarones en el mundo. La población va de los 250 a los 5,000, dependiendo de la temporada de pesca, que tiene su máximo en Diciembre. La planta empacadora está congelando ahora halibut y otros peces de aguas profundas durante el verano, o fuera de temporada con tripulaciones mínimas de pescadores para mantener la planta funcionando.

El puerto natural de Topolobampo tiene unos 18 kilómetros de largo (11 millas) y un promedio de 82 metros de profundidad (270 pies). Todas las flotas de los Estados Unidos podrían anclar allí. Este puerto, con la finalización del Chihuahua al Pacífico en 1958[5], le dará a la parte media del continente de los Estados Unidos acceso a los puertos del Pacífico Sur, Asia y las costas occidentales de México y Suramérica.

---
5 Fue terminado en 1961.

4.21. y 4.22. En Mazatlán, descargando pacas de algodón; y un marlin de 90.6 kilos (200 libras) (foto por Glenn Burgess, 1955).

4.23. Pescadores tirando sus redes en la bahía de Topolobampo (foto por Glenn Burgess, 1955).

La Bahía de Topolobampo

En el reporte a Owen en 1881, George Simmons describe la bahía de Topolobampo diciendo: "Estoy familiarizado con muchas de las mejores bahías en el mundo, pero en cuanto a belleza natural no conozco ninguna que supere, y pocas iguales, a la bahía de Topolobampo. Desmontamos nuestras mulas y nos sentamos por un tiempo en la playa, admirando las agraciadas líneas del puerto, observando la flora marina, y especulando acerca del tiempo en que este lugar estaría lleno de vida por los negocios de todas las naciones" (p.7).

The El Paso Times

— Sábado, 2 de Mayo, 1959

El Ferrocarril de Chihuahua: La Forja de un Eslabón con el Pacífico

por Glenn Burgess
   Corresponsal del Times[1]

Chihuahua, Chih., México — Por cincuenta años, economistas e ingenieros han estado soñando y trabajando por una ruta corta por rieles al Pacífico, desde el centro del continente en los Estados Unidos de América.

Muchas veces han sido hombres trabajando en el desarrollo del fértil imperio agrícola conocido como La Canasta Alimenticia de México: el sur de Sonora y Sinaloa. Una vez más, hay que decirlo, fueron promotores de Kansas City, y luego, otra vez, un capitalista de Sinaloa.

Finalmente, después de revoluciones, y de que el Sistema ferroviario Santa Fe tuvo la oportunidad de completar la ruta, pero la vendió por una canción, el gobierno de México está completando el proyecto sobre la teoría de que el Kansas City, México y Oriente es más que un ferrocarril.

Bajo su nuevo nombre, el Chihuahua al Pacífico, es el medio de conectar dos regiones aisladas que están separadas por una alta y rugosa cordillera que corre desde la frontera sur de Arizona 1,931 kilómetros (1,200 millas) hacia el sur, antes de que ferrocarriles o carreteras la crucen cerca de Guadalajara, no lejos de la misma ciudad de México.

El nuevo ferrocarril es una idea de desarrollo. Está llegando hasta regiones ricas en minerales, bosques y productos agrícolas que pueden ser alcanzados solo a pie o en caballos y mulas. Hará posible el movimiento de productos desde el Océano Pacífico a través de México, hasta Fort Worth, Dallas, Oklahoma City, Kansas City, San Luis y Chicago, con ahorros en el siempre importante "costo de carga".

Esta nueva línea alcanza la nueva región agrícola de 202,429 hectáreas (500,000 acres) creada como resultado de la terminación, hace tres años, de la presa Miguel Hidalgo (Mahone) en el río del Fuerte,

---
1 Otro artículo, "El Ferrocarril Soñado de México está ahora cercano a su terminación", en el *Fort Worth Star-Telegram*, Domingo, 10 de Mayo, 1959, es casi igual a éste y no lo incluimos aquí.

La Construcción

4.24. Alcantarilla cerca de Guasachique (foto por Glenn Burgess, 1955).

el más grande de los 12 ríos de Sinaloa, que crece en la región occidental de las lluvias de la Sierra Madre y corre sobre ricas llanuras hasta el Golfo de California. El ferrocarril hace disponibles los recursos de los verdes bosques de pino y encino que podrán llegar a los Estados Unidos y a todo México en la forma de maderas, durmientes y productos de celulosa.

En tanto que la línea se desarrolla, se espera que sus ramales se extiendan en la forma de carreteras y abran para los turistas uno de los escenarios más fantásticos y regiones de las más interesantes del continente americano, hasta ahora completamente aisladas.

El que vaya a tomar tres años más la terminación de las plataformas, rellenos, túneles y altos puentes, que de la línea son una rápida sucesión, no aminora en ninguna forma el entusiasmo de aquellos hombres que han pasado prácticamente toda una vida con la idea que puede ser llamada La Magnífica Obsesión de México. Aunque la era de los ferrocarriles en los Estados Unidos terminó hace años, aquí, otra vez, el ferrocarril va primero y, siguiéndole, el desarrollo de las carreteras y aeropuertos.[2]

---
2 Para 2013, una carretera pavimentada a través de las montañas, y un aeropuerto en Creel, que podrá manejar jets de 100 pasajeros, estaban a punto de ser terminados.

Sin el beneficio de los fondos del gobierno mexicano, es de dudarse que el ferrocarril iniciado en 1900 por Arthur Stilwell de Kansas City pudiera llegar a su terminación, porque las empresas privadas han sido escépticas respecto a la capacidad del ferrocarril para recuperar las inversiones. Entonces, el gobierno de México nacionalizó los ferrocarriles del país, y en 1940 tomó posesión del viejo K.C.M. y Oriente. Ahora, los ingenieros trabajando en el proyecto, creen que, con una administración adecuada, el ferrocarril se pagará a sí mismo a pesar de los incrementos en los costos de construcción y de rehabilitación del viejo Oriente, que tiene hoy en día 685.4 kilómetros (426 millas) de rieles.

El trabajo en el proyecto se desarrolla en dos fases: Primero, toda la línea entre la ciudad de Chihuahua y Creel, 304 kilómetros hacia el oeste (189 millas), está bajo un programa de rehabilitación. Esto también se hará en los 113 kilómetros (70 millas) en operación en la costa oeste, entre el puerto marino de Topolobampo y San Pedro. El trabajo necesario se hará también en los 270 kilómetros (168 millas) entre Ojinaga y Presidio a la ciudad de Chihuahua. Cuando este trabajo de modificación sea terminado, la vía férrea podrá utilizarse por todos los tipos de carros, trenes y locomotoras diésel, y el movimiento de carga y pasajeros será mucho más seguro y rápido que como ha sido en la mayoría de los ferrocarriles de México.

La segunda fase, que ha interesado al suroeste de Texas y a México por varios años, es la construcción a través de la quebrada y alta Sierra Madre de la parte faltante de 290 kilómetros (180 millas). Las pendientes, rellenos, cortes, túneles y puentes están terminados del 85 al 90 por ciento. Sin embargo, la parte más difícil queda aún por hacerse, y con un buen y constante trabajo por parte de grandes contratistas, los ingenieros estiman ahora que se necesitarán otros tres años más antes de que los rieles puedan ser totalmente tendidos.

El programa de rehabilitación ha sido desconocido para la mayoría de los tejanos. Por un año o más, rieles de la fundición Colorado Fuel and Iron Co., CF&I, en Pueblo, Colorado, han estado pasando por San Ángelo, Alpine y Presidio, pero no se sabía en qué serían usados.[3]

Hace tres años, Alfonso Rincón Benítez, ingeniero mexicano a cargo tanto del trabajo de construcción como de la rehabilitación del Chihuahua al Pacífico, tenía listos los planes para el trabajo de remodelación de la vieja línea. En 1957, el probablemente mejor ingeniero en rehabilitación en México, el dinámico ingeniero Mariano García Malo, de la ciudad de México, fue asegurado por el ingeniero Francisco Togno, Jefe de Construcción de los ferrocarriles mexicanos, de la oficina de la Secretaría de Comunicaciones y Obras Públicas, para tomar control de la difícil tarea de convertir al viejo Chihuahua al Pacífico en una línea ferroviaria de primera clase.

Las plataformas[4] se han construido en forma sólida, curvas han sido eliminadas, al menos dos túneles tendrán que hacerse, y puentes adecuados y alcantarillas han sido edificados.

Primero, una plataforma, después de ser renovada, recibe una delgada capa de asfalto, y sobre de ella viene buen balasto de roca partida de lava volcánica. Luego, vienen buenos durmientes, la mayor parte de ellos creosotados. El balasto y los durmientes con creosota son algo muy nuevo en los ferrocarriles mexicanos.

Los nuevos rieles entre la ciudad de Chihuahua y Creel

---
3 Véase el artículo de Glenn, "El Reto de la Sierra", del 22 de Mayo de 1961.

---
4 La gente de la sierra llama bordo a la plataforma donde se colocan las vías férreas, como igual llaman a los caminos de terracería, que se construyen también con plataformas, antes de estar pavimentados.

son de acero de 40.77 kilos (90 libras). Para la mayor parte de los tramos, tres rieles son soldados para hacer rieles de más de 32.92 metros (36 yardas) de longitud.

En el sistema de tres rieles, están introduciendo lo que es conocido como "buenas anclas de riel", para mantener a los rieles sin moverse hacia arriba o hacia abajo del camino, evitando la deformación y que se tuerzan o se separen. De estas vías de tres rieles se han completado ya 243 kilómetros (151 millas). Esto lleva a los ingenieros a un experimento en un sistema europeo o franco-italiano: Por 61 kilómetros (38 millas) usan rieles unidos por soldadura por una distancia de 804 metros, o media milla; en vez de los fijadores convencionales, las puntas de los rieles son biselados y montados uno sobre el otro: Así, el viejo sonido de "traqueteo" es casi completamente eliminado.

Los rieles largos de 804 metros (media milla) son asentados sobre placas de hule, y fijados a los durmientes con largos tornillos, para ser retenidos por placas de acero flexible que funcionan como resortes. Este sistema absorbe el golpeteo de los trenes y reduce el número de durmientes necesarios en un 15 por ciento; tampoco son necesarias ya las anclas de los resortes de los rieles. Un tráfico más pesado puede moverse por este tipo de vías.

En un corto segmento, están experimentando con durmientes de concreto, hechos de dos secciones unidas luego, o conectadas por una corta pieza de acero. Se estima que estos durmientes durarán 50 años, comparados con los 30 de vida que tiene el durmiente creosotado promedio en los Estados Unidos.[5]

Uno de los túneles planeados, está siendo construido ahora al oeste del pequeño poblado de Bocoyna, en los orígenes del río Conchos, y al lado este de la División Continental. Tiene 178.3 metros de largo (585 pies), y costará construirlo $2,000,000 de pesos ($160,000 dólares). Otro, está planeado a una corta distancia más adelante, en Aguatos, y costará un estimado de $8,000,000 de pesos ($640,000 dólares).

Entre San Juanito y Bocoyna, también en el principio del río Conchos, se ubicó una planta quebradora de roca, y ahora hay allí 100,000 metros cúbicos de balasto apilados. Otro....[6]

---

[5] Uno de los asociados de Stilwell, W.W. Sylvester, reportó en 1900 que la línea pasaría por "extensos bosques vírgenes de pinos de hoja larga, encino, caoba y una especie de árbol que hace que los durmientes de ferrocarril sean casi indestructibles" (según cita de Pletcher, p.276).

[6] Hay un error de impresión aquí, que hace esta frase incomprensible; Algo como 113 kilómetros (70 millas) al oeste de Chihuahua.

4.25. TENDIENDO RIELES DE ACERO—Antes, las cuadrillas clavaban los rieles con pesados marros. El sistema fue remplazado por una máquina que hace girar un tornillo en un agujero pre-perforado en un durmiente creosotado. Los rieles, fijados con un ángulo interior de 1:40, descansan sobre placas de hule, y una placa de resorte es insertada entre la pestaña y el tornillo (foto de Glenn Burgess, 1960).

Entre Ojinaga y Chihuahua, se ha hecho mucho trabajo recientemente para mejorar esta sección de 270.3 kilómetros (168 millas). Cuatro puentes, que fueron arrastrados por un arroyo que se une al río Conchos en Falomir, están siendo remplazados por sólidos puentes de concreto armado a un costo de $5,000,000 de pesos ($400,000 dólares), con un programa de terminación para el primero de Junio.

La mayor parte de la ruta Ojinaga-Chihuahua tiene rieles de 36.2 kilos (80 libras) y las plataformas de tierra y grava son sólidas. Los puentes y alcantarillas son de buena construcción. A la fecha, no se consideran trabajos de modificaciones.

En La Junta, el ferrocarril tiene un ramal, el Noroeste, que va hacia el norte, a Casas Grandes y Juárez, y el otro hacia el oeste, a Creel, y finalmente al golfo de California. Una moderna planta de impregnación por creosota, de diseño alemán, está en plena operación. Una nueva casa redonda ha sido también construida y está lista para recibir la maquinaria.[7]

El largo total del ferrocarril de Ojinaga a Topolobampo en la costa oeste será de 975 kilómetros (606 millas). Rehabilitar la parte que tiene ya 685 kilómetros de rieles (426 millas), es un difícil y agotador trabajo; pero el ingeniero Mariano García Malo es un ingeniero que puede lograr que el trabajo se

---
[7] Esta casa redonda fue inaugurada en 1961 por el presidente Adolfo López Mateos y fue una de las más grandes de todo México. Ya no está más en operaciones. Tampoco está en operación el ferrocarril Noroeste.

Trabajando en una Cuadrilla de Remachadores

Hablando recientemente con Salvador "Chava" Bustillos, de 71 años, supe que los tornillos eran llamados "tirafondos" y las placas, "galletas". Chava trabajó cuando joven en una de estas cuadrillas de trabajadores. Me mostró una de sus uñas, en cierta forma deforme: había estado sosteniendo una de las placas en tanto se estaba insertando el tornillo, y su dedo quedó atrapado bajo la placa. Chava actualmente (2012) vive en Creel, donde su hijo es el Presidente Seccional del municipio.

haga: reúne ya en sus 50 años, ricas experiencias tanto con el sistema nacional de ferrocarriles como trabajos de construcción de la Secretaría de Comunicaciones y Obras Públicas. Su padre fue un ingeniero y maestro en la facultad de ingeniería, y él es tanto ingeniero civil como ingeniero mecánico. Su entrenamiento práctico se inició en 1935 en Durango; desde entonces, ha trabajado en Campeche, Puebla, Guadalajara y Guanajuato, como jefe de rehabilitación de la vieja línea del Southern Pacific entre Guadalajara y Nogales, Arizona, y finalmente, como jefe de rehabilitación del Chihuahua al Pacífico.

García puede leer literatura técnica en español, inglés, italiano y francés; sabe muy bien lo que está haciendo y quiere que todas las personas que están bajo su control hagan su trabajo correctamente: Vive la vida del ferrocarril y trabaja largas horas cada día en ella. Este año, está a cargo del trabajo de construcción – rehabilitación – en un total de $1,840,000 pesos. Su departamento necesitará otros $5,600,000 para poner al Chihuahua al Pacífico en condiciones de primera clase, de manera que tome su lugar entre los mejores ferrocarriles de toda América.

Sin embargo, ningún ferrocarril tendrá las implicaciones internacionales de éste, y tan importante como es el trabajo de Mariano García Malo, el reto pionero del trabajo de construcción actual en el lado occidental de la impresionante Sierra Madre de Chihuahua y Sinaloa, debe tomar su lugar destacado en la historia de los ferrocarriles de Norteamérica. Es un proyecto que ha sido descrito por García, quien acompañó a este reportero por toda la ruta de la construcción, como realmente "un trabajo de romanos."[8]

----
8   Schmidt dice que hay cerca de 17.7 kilómetros (once millas) de túneles, y unos 3.62 kilómetros (2.25 millas) de puentes.

4.26. El jefe de rehabilitación, Mariano García Malo, habla con el ingeniero francés de ferrocarriles visitante Michel Streit, quien apoyó a los ingenieros mexicanos con la conexión de los rieles y los problemas de expansión. Los rieles fueron biselados en los extremos y sobrepuestos (foto por Glenn Burgess, 1960).

4.27. Ingenieros en un puente. A la derecha, el ingeniero Duarte; tercero de la derecha, Mariano García Malo, jefe de rehabilitación. El cuarto es probablemente Fernando Anzaldúa (foto de Glenn Burgess,1960).

Cómo se Formaron las Barrancas de la Sierra Tarahumara

El geógrafo Robert Schmidt describe el territorio en la forma siguiente:

> La Sierra Tarahumara es parte de una gran plataforma volcánica levantada. Como resultado, la sierra no muestra una clásica cresta o división de aguas. La parte superior de la sierra consiste de grandes y gruesas capas de roca volcánica extrusiva, comúnmente de 305 a 457 metros de grueso (1,000 a 1,500 pies). La mayor parte de ese material volcánico son cenizas de un flujo que se formó durante la parte media del periodo Terciario. Estas voluminosas cantidades de roca volcánica se depositan sobre rocas sedimentarias dobladas del Cretácico temprano y otras más antiguas. La rugosidad del terreno es consecuencia de la erosión desde arriba y hacia abajo, en un corte que hicieron ríos jóvenes que abrieron profundas incisiones. Como resultado (y como consecuencia de la tectónica de las placas), la Sierra Tarahumara probablemente posee la mayor proliferación en el mundo de grandes cañones en un área relativamente pequeña. En tanto que la Sierra Madre Occidental es una gran barrera para los vientos cargados de humedad desde la parte oriental tropical del Océano Pacífico, las montañas son una fuente extremadamente importante de agua para los muy productivos distritos de riego en las tierras bajas en sus alrededores. (Del mapa de la Sierra Tarahumara por Schmidt. International Map Co. UTEP, El Paso, Texas, en una de las primeras ediciones.)

Los tarahumares tienen una interesante forma de describir cómo fueron hechos los cañones:

> Dicen que hace mucho tiempo, Golachi, el cuervo, hizo los cañones. La tierra solía ser plana. No había cañones para conducir fuera el agua. Por eso dicen que Golachi caminó a través de la tierra, y en esa forma algunos lugares fueron hechos de manera que el agua pudiera correr. Por eso es que ahora hay numerosas barrancas. En algunas partes son muy profundas y espantosas.

El Reto de la Sierra Tarahumara

Fort Worth Star-Telegram

– Viernes, 22 de Mayo, por la mañana, 1959

El Nuevo Ferrocarril en México, Para Penetrar la Sierra, Hace lo "Imposible"

por Glenn Burgess

CIUDAD de CHIHUAHUA, Mayo 21—A.E. Stilwell, promotor del Kansas City, México y Oriente, anunció en una cena en la ciudad de Kansas, en 1900:

"Caballeros, el próximo ferrocarril que será construido en Norteamérica será desde la ciudad de Kansas a la población pesquera de Topolobampo, en el Golfo de California."

Pero Stilwell no había visto el arduo terreno de la Sierra Madre que se proponía atravesar.

Tan difícil para la construcción de ferrocarriles modernos es el territorio del occidente de Chihuahua y el del noreste de Sinaloa, que los ingenieros mexicanos tuvieron que agregar tres años más al tiempo estimado de construcción.

Una sección de la región es tan abrupta en el descenso al mar, que Stilwell luego anunció un camino a base de ruedas dentadas con una pendiente de 14 grados y 64.4 kilómetros de largo (40 millas), que tendría que ser construido allí. Antes de que perdiera el proyecto, sin embargo, dijo que había descubierto una ruta con una pendiente del 2.5 por ciento.

Esta ruta tenía que ser redescubierta. Los ingenieros mexicanos la tienen ahora: una vía de corte-relleno-túnel-puente al través de increíbles barrancas.

Sus logros pueden quedar en la historia como el hecho más sobresaliente de la ingeniería ferrocarrilera de Norteamérica.

La construcción de 685 kilómetros (426 millas) de la antigua línea Kansas City, México y Oriente, que se inició en 1900 y está ahora en operación como Chihuahua al Pacífico hasta Creel, a 304 kilómetros (189 millas) al oeste de Chihuahua, fue suficientemente difícil. Pero cruzar la parte restante de 290 kilómetros de zona montañosa (180 millas), se convirtió en una pesadilla de la ingeniería.

En este punto, la Sierra Madre era originalmente una mesa de ceniza volcánica a 2,438 metros (8,000 pies) sobre el nivel del mar. La erosión ha cavado en la región numerosos y profundos cañones. Los ingenieros norteamericanos trataron de

La Construcción

4.28 y 4.29. La Cueva del Dragón, río arriba de Cuiteco, fue utilizada para almacenar dinamita y para afilar cinceles con una forja de carbón (fotos de Glenn Burgess, 1955).

mantenerse sobre las cumbres de las montañas hasta llegar a la frontera del estado de Sinaloa, pero al final siempre encontraron una caída de 610 metros (2,000 pies), que se da en una distancia extremadamente corta al oeste de la división entre Chihuahua y Sinaloa.

La presión de la Segunda Guerra Mundial y la comprensión por parte de los mexicanos de que la conexión por rieles entre Sinaloa y Chihuahua era vital para su futura economía, hizo que México enviara a sus propios ingenieros a las apartadas regiones de esas montañas. Después de años de trabajo a pie, a caballo y en mulas, sin el beneficio de mapas aéreos o de relieve, Francisco Togno y sus cuadrillas produjeron planos que eran aceptables para la Secretaría de Comunicaciones y Obras Públicas y para el presidente de México.

Si el viajero que tiene el privilegio de ir sobre esa ruta hoy en día, en una camioneta, jeep o camión, piensa que el camino es duro, debería recordar que Togno solía hacer ese viaje cada dos meses, a lomo de caballo, para visitar los completamente aislados campamentos de ingeniería. El viaje redondo le tomaba 12 días, entre Creel y Choix, en el río del Fuerte. El mes pasado, este reportero hizo el mismo viaje de ida y vuelta, en jeep, en 486 kilómetros (302 millas), en cuatro días, y tuvo tiempo de visitar muchos de los más interesantes retos de la construcción.

Empezando en Creel, la pendiente sale rumbo al oeste desde la División Continental y permanece sobre la cresta de la montaña por 77 kilómetros (48 millas). Esta sección fue terminada en tres años. Numerosos túneles, un corte de más de 30 metros (100 pies) de profundidad, un lazo completo alrededor de la montaña con el ferrocarril pasando sobre sí mismo por puentes, y con una vista de 1,829 metros de profundidad (6,000 pies), de la Barranca del Cobre, no dejará de sorprender siempre al visitante.

Después de la barranca y al oeste de la población de Areponápuchi, el ferrocarril empieza su descenso hacia el mar. Primero cae hasta el cañón de Cuiteco, donde poco más de 35 kilómetros (22 millas) han sido terminados ya, igual que la mayoría de los túneles. De la Barranca del Cobre a Cuiteco, por las vías, la distancia será de 50 kilómetros (31 millas) y el declive cae 522 metros (1,712 pies), de una altitud de 2,209 metros (7,247 pies) a una de 1,684 metros (5,525 pies).

En Cuiteco, localizado en un valle circular, similar al de la

4.30. La plataforma de la vía férrea, la oficina de Cuiteco, y las residencias de los ingenieros de la SCOP (foto de Glenn Burgess, 1955). Las casas están habitadas hasta la fecha.

La Vida en el Campamento de los Ingenieros en Cuiteco

De mi artículo en el *Alpine Avalanche*: "Fuimos afortunados al tener casas casi modernas, con servicios como agua corriente, sanitarios, etc. Hay un comedor central, donde comeríamos frijoles y tortillas en el desayuno, la comida y la cena; la comida era bastante buena, en tanto que me mantenía apartado del picante chile… (El Ingeniero Anzaldúa convenció incluso a un panadero para que abriera un negocio, de manera que pudiéramos tener pan y pastelillos, pero no duró mucho tiempo.) Cada domingo en Cuiteco, íbamos a uno de los pueblos cercanos para pasar el día jugando béisbol y basquetbol. El último domingo que estuve allí, nos amontonamos todos en la parte trasera de un camión, y viajamos por cuatro horas para llegar a Creel. Allí pasamos la mañana jugando béisbol, en un partido que ganamos 26 a 4; descansamos una hora y luego jugamos basquetbol, en un partido que perdimos por 1 punto, en tiempo extra." Yo tenía entonces una beca por el basquetbol en el Texas Western College en El Paso. Unos años después, jugué en un torneo con el equipo de Creel, en el que ganamos. Estuve muy emocionado cuando me pidieron que llevara la bandera mexicana en la ceremonia de inauguración.

cuenca del Chisos en el Parque Nacional Big Bend, está uno de los campamentos de una de las dos divisiones de ingenieros, con 40 ingenieros empleados por la Secretaría de Obras Públicas. El trabajo está a cargo de Fernando Anzaldúa. Varias de las casas del "campamento" son construcciones permanentes que serán luego casas de los trabajadores de esta sección; tienen electricidad y agua corriente y están en comunicación todos los días, por radio, con la ciudad de Chihuahua.

A unos 800 metros (media milla) al este de Cuiteco está el campamento principal de construcción de Ingenieros Civiles Asociados, S.A., ICA, contratistas de obra, que tienen a 800 trabajadores en la División Cuiteco; muchos de los obreros viven allí con sus familias. El campamento tiene su cafetería, una comisaría, escuela, enfermeras, médicos, y canchas de basquetbol y béisbol.

Los indios tarahumaras que trabajan en la obra, simplemente utilizan los estrechos caminos de acceso para su juego del palillo, similar al "shinny."[1]

La gente de Cuiteco cultiva manzanos. Antes de la llegada de la construcción del ferrocarril, estaba a tres días de camino, a caballo, de cualquier camino. Su iglesia, de adobe, es una de las más antiguas misiones católicas de la región.[2]

Cuiteco también presume tener el primer impresionante y moderno puente de concreto armado al oeste de Creel. Tiene casi 27 metros de altura (87 pies) y 191 metros de largo (626 pies). Debajo de Cuiteco, el cañón es más un abierto valle de montaña. Sin embargo, tiene también su parte de difíciles túneles, cortes y puentes.

El puente, conocido como el Cuiteco Número 2, es único en todo Norteamérica. La viga principal, 27 metros arriba del río (87 pies), es de concreto hueco pre-tensado. Los cables que pasan por tubos tienen una tensión de 900 toneladas. Cuando no hay un tren sobre el puente, la viga se curva hacia arriba hasta 20 centímetros (8 pulgadas), pero se endereza al paso del tren. El diseño es belga, y está siendo estudiado por la Asociación Norteamericana de Ingenieros de Ferrocarril.

Aunque la División Cuiteco incluye 137 kilómetros de pendientes (85 millas), en la actua-

---

[1] Para una descripción de este juego, una forma de hockey de campo, véase "Hit and Run" en *Natural History*, y *Re'igí ra'chuela* (El juego del palillo), por Albino Mares Trías y Don Burgess McGuire.

[2] La misión de Cuiteco fue fundada por el jesuita Juan María de Salvatierra en 1684.

lidad sólo se considera que son 50 kilómetros (31 millas) los que están en construcción.³

El segmento adjunto de unos 48 kilómetros (30 millas) en la División Témoris, conocido como los cañones del río Plata y Septentrión, son aún un reto para los mejores ingenieros de México y los trabajadores de la construcción. Pasa a través de lo que es sin duda alguna el más majestuoso cañón de todo México, el Septentrión. Es el cañón que ha estado retrasando por tres años más el sueño mexicano de tener terminado el ferrocarril Chihuahua al Pacífico.

---
3 El artículo de Glenn "Tortuous Terrain Shattered Early Completion Hopes of Railroad" en *El Paso Times*, Mayo 15, 1959, que fue sólo ligeramente diferente de este, agregaba: "La carta de terminación de la construcción, de este a oeste, es: Primeros 8 kilómetros (5 millas)—80 por ciento terminados. Siguientes 35.3 kilómetros (22 millas)—100 por ciento terminados. Últimos 6.4 kilómetros (4 millas)—50 por ciento terminados."

4.31. La villa de Témoris, ubicada arriba del cañón donde se localiza El Chicural (foto por Glenn Burgess, 1955).

4.32. Tarahumares jugando una forma de hockey de campo llamada *ra'chuela* en el idioma nativo y palillo en español (foto por Don Burgess en el rancho Rodeo, c.1990).

4.33. El juego es peligroso y la gente usa sus sombreros como protección. Nótese la bola de madera, de un tamaño similar a la de golf, en la parte media baja de la foto, junto a la cachucha de uno de los jugadores (foto por Andy Kjos en Cuiteco, 2008).

4.34. Campamento de construcción de la ICA (Ingenieros Civiles Asociados) cerca de Cuiteco, llamado Oribo. Las casas blancas sobre la loma eran las de los ingenieros. El edificio sin techo era el cine. Los edificios largos eran los alojamientos de los trabajadores, con el salón comedor en la parte baja a la izquierda. La gente recuerda que había un cocinero chino encargado de la cocina. Más allá de estas casas estaban el campo de béisbol y los talleres (foto por Glenn Burgess, 1955).

4.35. El puente justo río abajo de Cuiteco, entra directamente en el túnel (foto por Glenn Burgess, 1955).

4.36. Nieve en la barranca (foto por Don Burgess, c.1980).

La Barranca del Cobre

La Barranca del Cobre es parte del cañón de Urique. El nombre se aplicaba solo a una pequeña sección del cañón, donde los jesuitas encontraron cobre para hacer las campanas de sus templos. En tanto que el turismo fue creciendo, el nombre se ha ido aplicando a cada vez más partes del cañón y del área general. La palabra Urique viene de la palabra tarahumara (ralámuli), que significa tierra caliente, *u'rí/ulí*. Los tarahumares, por otra parte, no dan nombres a los cañones. La profundidad de la barranca en El Divisadero, es de 1,300 metros (4,265 pies). Bajando más por el cañón, 10 kilómetros (6 millas) abajo del pueblo de Urique, la profundidad es de 1,870 metros (6,135 pies). (Estas cifras son del geógrafo Dr. Robert Schmidt, Profesor Emérito de UTEP, de su libro *Mexico's Sierra Madre Occidental: The Geography*, de próxima publicación.)

The El Paso Times

– Lunes, 6 de Julio, 1959

Los Últimos 50 Kilómetros del Ferrocarril Chihuahua al Pacífico, los más Difíciles que los Ingenieros Hayan Desafiado desde 1900

por Glenn Burgess
    Corresponsal del Times

Témoris[1], Chihuahua, México —Solo 48 kilómetros (30 millas) de trabajo de construcción quedan entre el primer boceto del diseño en la mesa de proyectos y la terminación de la vía férrea más corta, por 644 kilómetros (400 millas), entre la región central del continente en los Estados Unidos y el Océano Pacífico. Estos últimos 48 kilómetros (30 millas) están ya terminados en un 40 por ciento. El trabajo por hacer representa sólo 5 por ciento de pendientes, estructuras de drenaje, túneles y puentes, en la sección de 289.6 kilómetros (180 millas) todavía sin rieles del antiguo ferrocarril Kansas City, México y Oriente.

Ha desafiado a ingenieros y gente de la construcción desde 1900.

Hablando en términos de porcentajes, es una parte infinitesimal de la línea de 2,727 kilómetros (1,695 millas) entre Kansas City y Topolobampo en el Golfo de California; sin embargo, los obstáculos que debían ser superados son sorprendentes.

Los ingenieros mexicanos y dos compañías constructoras están gradualmente cerrando la brecha, con fechas de terminación de la plataforma del camino estimadas entre uno y tres años, dependiendo de la cantidad de fondos que el presidente de México puede hacer disponibles.

En la División Occidental Témoris, donde A.E. Stilwell pensó que una vía con ruedas dentadas sería necesaria sobre 64 kilómetros (40 millas) con pendiente de 14 por ciento, los ingenieros mexicanos han escogido ir al fon-

---

1 El pueblo de Témoris está localizado en un valle en la parte alta del cañón, y el campamento de construcción estaba ubicado cerca del borde de la barranca, en tanto que la vía del ferrocarril corre abajo, por el mismo cañón. La estación del tren es llamada Témoris o Santa Bárbara, nombre de una mina cercana. El proyecto de construcción llevaba el nombre de Chicural, mismo de un rancho cercano. El nombre Témoris viene de una palabra tarahumara con la que se llama a la rana, *remó*.

La Construcción

4.37. A media distancia, el campamento de construcción de la Compañía El Águila, localizado en el borde del cañón Septentrión, por arriba de la estación Témoris (foto por Glenn Burgess, 1955).

4.38. Plataforma para la vía, cerca de Guasachique, cortada con dinamita en un precipicio. El ingeniero Leal dice que una vez, después de que la línea entró en operación, hubo un derrumbe en este punto. El conductor no pudo detener al tren y se estrelló contra las rocas: La locomotora descarriló y quedó colgando precariamente sobre el borde. El ingeniero Leal y otros fueron capaces de construir, con durmientes, una plataforma bajo la locomotora, para evitar que cayera al abismo y pudiera ser jalada de regreso a la vía (foto por Glenn Burgess, 1955).

do del cañón Septentrión, y en ocasiones, al doblar atrás en el majestuoso cañón, han sido capaces de mantener la requerida pendiente de 2.5 por ciento. En esta garganta, 459 kilómetros (285 millas) al suroeste de la ciudad de Chihuahua, y cerca de la línea fronteriza con Sinaloa, una sección de menos de 5 kilómetros de largo (3 millas), tendrá 10 túneles y 5 puentes.

Otra sección, de 2.57 kilómetros de largo (1.6 millas), tendrá 7 kilómetros de vías (4.4 millas). Aquí el ferrocarril, bajando río abajo sobre la banda norte del río Plata, va primero por un túnel de 45.7 metros (50 yardas), bajo una cascada de 30.4 metros de altura (100 pies), luego a través de un túnel de 45.7 metros (50 yardas), se pega a las paredes de la barranca por 366 metros (400 yardas), y luego hace una vuelta casi completa en círculo dentro de un túnel de 1,186 metros (3,890 pies) llamado La Pera.[2]

OTRO TÚNEL

Ahora va río arriba varios cientos de metros hasta la cascada, cruza el río Plata, da la vuelta río abajo una vez más sobre la banda sur, pasa por otro corto túnel, cruza el río sobre un alto puente y, antes de desaparecer a la vuelta de otra curva en el cañón, entra todavía en otro largo túnel.

Localmente, esta hazaña de ingeniería es conocida como El Chicural. Está como a unos 4.8 kilómetros (3 millas) de Témoris, cabecera de la División Occidental de construcción, a cargo del joven ingeniero Ernesto Talamantes. Desde Témoris, un pequeño poblado minero en el territorio de los tarahumares occidentales, los ingenieros de la SCOP dirigen los trabajos de construcción a lo largo del cañón Septentrión. Más adelante, río arriba, son conocidos como los cañones de Cuiteco y Plata, y el trabajo de construcción está bajo el ingeniero de la División Cuiteco.

Viviendo en una altitud de más de 1,524 metros (5,000 pies), los ingenieros bajan hasta los 610 metros de altitud (2,000 pies), ya en clima semitropical, para planear y supervisar los proyectos de construcción. Una ruta va al suroeste, sobre una cumbre de la montaña, y luego desciende más de 914.4 metros (3,000 pies) por un camino para jeeps hasta el río.

Haciendo los trabajos de construcción está la Compañía El Águila, que emplea a 1,000 hombres. Este año, sus contratos serán por un gasto de $3.2 millones de pesos, igual que el de la obra en Cuiteco a cargo

---
[2] El más reciente mapa de Schmidt da una longitud de 936.9 metros (3,074 pies).

4.39. Chicural: Hay 7.1 kilómetros de vías (4.4 millas) en una distancia linear de 2.6 kilómetros (1.6 millas). Esta vista es mirando río arriba en el cañón Septentrión (foto de Glenn Burgess, 1960).

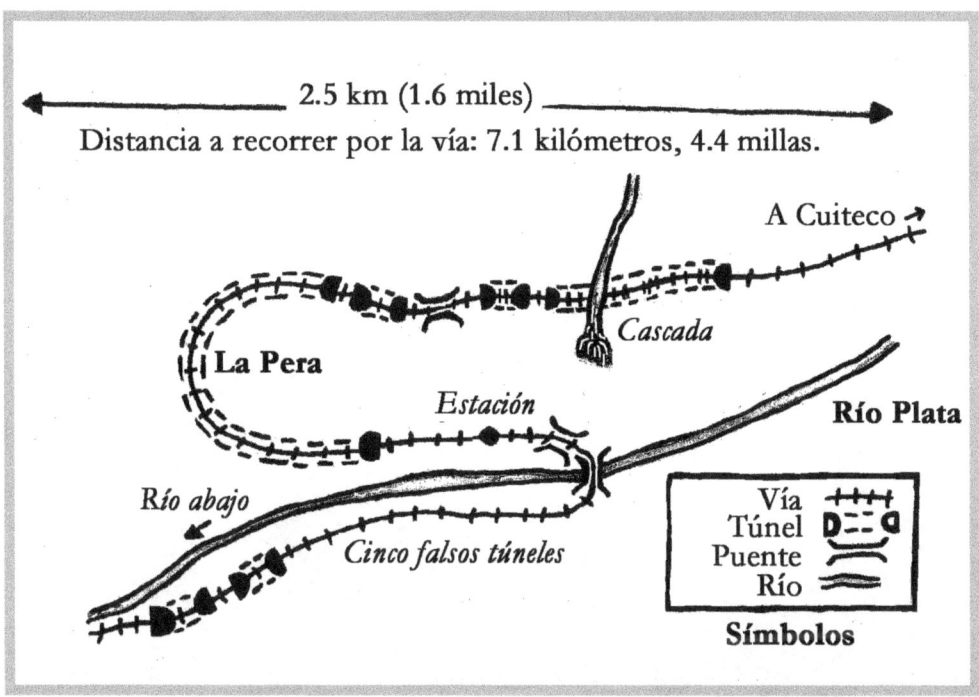

4.40. Diagrama del tramo del Chicural.

Chicural

Esta hazaña de la ingeniería, consiste en una serie cerrada de túneles y puentes. De acuerdo con el ingeniero Yáñez, empezando en la parte alta, hay un túnel de 818 metros de largo que pasa debajo de una cascada, luego un túnel de 40.3 metros, después un corto puente, luego un túnel de 189 metros y en seguida el túnel de La Pera, al que le da una longitud de 946 metros; después está la Estación Témoris, luego un puente de casi 81 metros (unos 265 pies), luego el puente de 217.6 metros (714 pies) sobre el río Plata, que fue construido en forma curva. Y luego hay cinco falsos túneles cuyas longitudes son 126.29 metros, 299.6 metros, 316.5 metros, 200.3 metros y 122.8 metros, seguidos por dos túneles regulares de 96.2 metros y 84.3 metros de largo. Hay que hacer notar que en ocasiones hay diferencias en la numeración de los túneles y en las longitudes de túneles y puentes. Parte del problema de la numeración se origina por los falsos túneles que han sido agregados desde la construcción original. Las diferentes longitudes de los túneles y los puentes pueden ser causadas también por las distintas consideraciones acerca de exactamente dónde empieza o termina un túnel o un puente.

4.41. CORRIENDO POR LO ALTO—Aquí, la vía estará a 91.44 metros (300 pies) por encima del río Chínipas. Al fondo hay una caída de 609.6 metros (2,000 pies) a la que se enfrentaron los primeros ingenieros en la línea fronteriza de Sinaloa. Finalmente, escogieron al cañón Septentrión como la ruta para salir de las montañas. El cañón termina a unos 3.2 kilómetros (2 millas) más allá del puente (foto por Glenn Burgess, 1955).

de Ingenieros Civiles Asociados, S.A..[3] Los campamentos de la construcción ocupan los casi inexistentes espacios nivelados a lo largo del fondo del cañón. En algunas locaciones, las casas para los trabajadores tendrán que ser removidas antes de que las pendientes queden terminadas.

La Compañía El Águila tiene moderna maquinaria y bastante experiencia en este tipo de terrenos. Empezaron trabajando hace seis años al final de las vías en Sinaloa, y gradualmente han ido penetrando las arduas montañas. Tan solo las pendientes han tenido un costo de $267,862.5 pesos por kilómetro ($34,480 dólares por cada milla).

En los 40.2 kilómetros (25 millas) alrededor de la sección de El Chicural, se requerirán 15 túneles. Deben de ser perforados a través de capas muy duras de lava volcánica y rocas intrusivas, un trabajo muy costoso en cualquier país. Es un trabajo peligroso, también. En la parte alta de la sección Chicural, primero, un camino de acceso que viene de Témoris, desciende hacia el cañón, a la vieja mina de Santa Bárbara. Luego, un corte de cuando menos 804.5 metros (media milla) tuvo que ser dinamitado de los casi perpendiculares muros del cañón.

---
[3] Localmente llamada La ICA.

Después empezó el pesado trabajo de perforar y dinamitar para crear una sólida plataforma para la vía. Los trabajadores, como hormigas, van escalando a lo largo de la cara de los acantilados, barrenando agujeros con sus perforadoras de aire comprimido, para crear espacios donde asentar los pies; que son luego expandidos y ampliados hasta que la maquinaria puede operar, y los compresores de aire y las mangueras de aire comprimido pueden ser movidas un poco más adelante.

Esta clase de trabajo avanza constantemente, y hasta donde los proyectos de construcción van, muy pocos hombres han perdido la vida.

El túnel más largo del ferrocarril está a 11.3 kilómetros (7 millas) al este del puente del río Chínipas en Sinaloa; tiene casi 2 kilómetros de largo (1.2 millas)[4] con el tránsito de los vehículos moviéndose sin el beneficio de señalamientos: un pequeño punto de luz puede apenas ser visto en el extremo opuesto. Los choferes no entran en el túnel si ven luces adentro: es imposible rebasar y pasar dentro del túnel. Si los túneles son costosos, igualmente lo son algunos de

---
[4] La oficina de Ferromex tiene el registro de este puente como de 1,836 metros de largo (6,024 pies). El último mapa de Schmidt le da una longitud de 1,818.4 metros (5,966 pies).

4.42 y **4.43**. Construcción para el puente sobre el río del Fuerte. El ingeniero Leal cuenta cómo, cuando las piezas superiores del puente estaban siendo colocadas, él estaba arriba, trabajando; y de pronto, tropezó. Para evitar el seguir cayendo desde el puente, atrapó con una mano la manguera de aire caliente comprimido. Eso lo salvó de caer, pero sufrió varias serias quemaduras, aunque en medio de la excitación no sintió la quemadura hasta tiempo después (fotos por Glenn Burgess, 1955).

los puentes. Tomemos por ejemplo, el que cruza el río Chínipas, 1.609 kilómetros (una milla) al oeste de la línea fronteriza entre Chihuahua y Sinaloa. Las dos torres de concreto y acero están a 64.3 metros (211 pies) por encima de los cimientos de roca sólida. Cuando las estructuras de acero sean terminadas este otoño, el espacio salvado entre las columnas será de 89 metros (292 pies), y los rieles estarán a 91 metros por encima del río (300 pies), una altura similar a la del puente Southern Pacific a través del río Pecos.

35 METROS ARRIBA

Treinta y cinco kilómetros al oeste del río Chínipas hay otro puente cruzando el gran río del Fuerte. Las torres de concreto tienen 35 metros de altura, y el puente tendrá una longitud de 443 metros (1,454 pies), comparado con los 268 metros de largo (880 pies) de la estructura en el río Chínipas.

Estabilizar los costados de las montañas después de que las plataformas son terminadas, es uno de los mayores problemas. Algunas veces, muros de piedra y concreto retienen a las plataformas y evitan que se despeñen montaña abajo. Además, después de que los túneles han sido construidos, fracturas escondidas pueden hacer necesario forrar el túnel con concreto y acero. Los derrumbes de rocas pueden ser devastadores, y son una amenaza durante varios meses después de que los cortes han sido hechos.[5]

Ocho kilómetros (5 millas) al este del río Chínipas hay un derrumbe de una sola roca enorme. El pasado Septiembre, cuando unas lluvias sin precedente llegaron, una gran roca rodó, para caer entre un angosto corte. Tiene la forma de un huevo, casi 23 metros de altura (75 pies), y pesa simplemente unas 9,000 toneladas.

Durante la temporada de aguas, intensas lluvias caen sobre los costados occidentales de la Sierra Madre. Unos cuantos kilómetros abajo del puente del río del Fuerte, está una de las mayores razones del porqué el Chihuahua al Pacífico (el nuevo nombre del Oriente), manejará grandes tonelajes: la presa Miguel Hidalgo. Terminada hace tres años, contiene 885,625 hectáreas-metro de agua (8,856,250,000 metros cúbicos), 2,834,000 hectáreas-pie de agua (7,000,000 acres-pie); agregados al flujo regular del sistema del río del Fuerte, irriga 202,429 hectáreas de tierras (500,000 acres) de las ricas llanuras costeras de clima semitropical. Cuando esté totalmente desarrollado el

----
[5] Sé de al menos un túnel, cerca de Cuiteco, que se colapsó y fue hecho luego un corte.

La Construcción

4.44. UN ENORME VOLUMEN—Aún en la temporada seca, el río del Fuerte aporta un gran volumen de agua al proyecto Miguel Hidalgo. Durante la creciente el pasado Septiembre, descargó 4,268 metros cúbicos (14,000 pies cúbicos) por segundo, en este lago hecho por el hombre. Este proyecto está unido a la construcción del ferrocarril (foto por Glenn Burgess, 1955). [Estas barcazas son conocidas como "pangas" o "chalanes".]

sistema de riego, unas 350,000 personas vivirán a partir de esta presa.

Tres grandes generadores tendrán un total de salida de 60,000 kilowatts hora de electricidad. El primero de ellos está siendo instalado ahora por una compañía norteamericana. La armadura vino de Japón, comprada con algodón mexicano.

En la más alta creciente el último otoño, el río del Fuerte proveyó 14,000 metros cúbicos de agua por segundo. Más agua se tiró por el derramadero que la que contiene el lago. Esto convenció a los ingenieros hidráulicos de que el diseño original de la presa de tierra debería ser terminado pronto, agregándole 9.75 metros (32 pies) adicionales de altura a la cortina: así, la presa tendrá 3.2 kilómetros de largo (2 millas), 76 metros de altura (250 pies), y permitirá irrigar 283,401 hectáreas (700,000 acres). Si ésta no es suficiente agua para la irrigación y la producción de energía eléctrica, a una corta distancia más arriba de la parte final más alta del lago artificial hay una estrecha abertura, el cañón Huites,[6] donde el río del Fuerte, que recolecta sus aguas de cuatro estados, emerge de la Sierra Madre.

Estudios preliminares revelan que una presa de concreto de 176.5 metros de altura (579 pies), puede ser construida allí.

Trece kilómetros (ocho millas) al suroeste de la presa Miguel Hidalgo, después de las fértiles llanuras de aluvión de Sinaloa, y más allá de San Blas y el rápidamente creciente pueblo agrícola de Los Mochis, yace el puerto de Topolobampo, con su bahía de 18 kilómetros de largo (11 millas), con profundidades promedio de 82 metros (270 pies).

GRAN CIUDAD

Stilwell escribió en 1912: "El puerto de Topolobampo será una de las grandes ciudades del Pacífico; tendrá su propia línea de vapores al Oriente, América Central y del Sur, Nueva Zelandia y Australia."[7]

---

[6] El sacerdote jesuita Andrés Pérez de Rivas, en un escrito de 1644, afirma que los Huites eran un grupo indígena "cuyo nombre significa el uso de arco y flechas, en lo que eran extremadamente diestro" (según la traducción al inglés de Thomas Robertson, p.77.)

[7] En los tiempos de Arthur Stilwell, la gente en los Estados Unidos empezaron a llamar al puerto de Topolobampo Puerto Stilwell, y los mexicanos estaban visiblemente molestos. Stilwell tenía ya un puerto con su nombre, Puerto Arthur, Texas. ¿No era eso suficiente? Incluso el ferrocarril era llamado el Ferrocarril Stilwell (Véase *The Engineering and Mining Journal*, Julio, 1907; y Almada, *El Ferrocarril de Chihuahua al Pacífico*, pp.126-127). Almada dice que un artículo publicado en El Norte, en la ciudad de Chihuahua (Nov. 27, 1902: #1069) afirmaba: "Conste pues que en México no hay ningún punto denominado Puerto Stilwell, y el que así se quiere llamar por los piratas americanos, ha sido y será, mientras nuestro Gobierno no decrete otra cosa, el puerto de Topolobampo."

También, un tanto escépticamente, escribió L.L. Waters, de la Facultad de la Escuela de Negocios, en su libro *Steel Rails to Santa Fe*, en 1950: "De vez en cuando, reportes del gobierno mexicano sugieren que una porción del sueño de Stilwell será realizada. Es de pensarse que el [ferrocarril] Oriente podría construirse a través de la Sierra Madre. El resto de los sueños del promotor, que tienen que ver con grandes volúmenes de carga, quedarán todavía lejos de ser realidad."

Si Waters vive tres años más, podrá escuchar a los trenes correr por toda la ruta. Los ingenieros mexicanos trabajando en el proyecto consideran que pasarán tres años antes de que estén listos para empezar a colocar los rieles.

México podría obtener préstamos para completar el ferrocarril más pronto, pero prefiere tomarse un poco más de tiempo y utilizar su propio dinero. Sin embargo, el ingeniero Francisco Togno, jefe de la construcción para los ferrocarriles de México, quien conoce íntimamente cada metro de la ruta a través de la Sierra Tarahumara, dijo en México a principios de Junio, que aún es incluso posible que México pueda proveer suficientes fondos para completar las plataformas, túneles y puentes para el primero de Junio de 1960.

Los ingenieros mexicanos creen en el futuro de su ferrocarril, y declaran que si Waters vive otros 10 años, con toda seguridad podrá ver la predicción de Stilwell de grandes volúmenes de carga nacional e internacional convertirse en realidad.

La gente de edad, en Presidio, se pregunta, también, cuál será el efecto en su pequeño pueblo: vieron el ferrocarril original ir a las manos de los síndicos accionistas (en una quiebra financiera) en 1912. En 1917, ellos lo vendieron a William T. Kemper, de Kansas City, Clarence Histed y otros por $3 millones de dólares. Luego, después de que la bonanza del petróleo McCamey generó un alza en su valor, Kemper y su grupo vendieron la línea al Santa Fe, en 1928, por $14 millones de dólares, definitivamente una maniobra defensiva por parte del Santa Fe.

VENDIDO POR EL SANTA FE

La empresa del ferrocarril Santa Fe vendió los 701.5 kilómetros (436 millas) del ferrocarril y los 289.6 kilómetros (180 millas) de la ruta aún sin construirse a través de las montañas, en 1929, a B.F. Johnston, un negociante en azúcar, por

$650,000 dólares en efectivo y una hipoteca de $900,000 dólares.

Para el 2 de Noviembre de 1930, el Santa Fe había construido de Alpine a Presidio, y un tren especial corría a la ciudad de Chihuahua. La gente de Presidio pensó que la prosperidad había llegado. Pero la depresión desinfló la bonanza de la noche a la mañana y retrasó la terminación del ferrocarril por 30 años.

Tiempos difíciles causaron que Johnston tuviera que fallar en su deuda, y en 1940 el gobierno mexicano tomó posesión, de conformidad con su programa de nacionalización de los ferrocarriles. Luego, un pago de $1,125,000 de pesos ($90,000 dólares) fue hecho por el gobierno mexicano al Santa Fe como descargo completo de su obligación.

Ahora, los observadores predicen la terminación del ferrocarril y la de una carretera de primera clase de Presidio a la ciudad de Chihuahua, alrededor del mismo tiempo, que mejorará materialmente la economía de Presidio y Ojinaga.

Para México, el ferrocarril terminado se espera que elimine el aislamiento en una amplia zona, y desarrolle los recursos forestales, mineros y de turismo de la Sierra Madre. Será una arteria para la circulación de carga y pasajeros entre dos de sus estados más ricos. Cualquier desarrollo del comercio mundial y del comercio entre México y los Estados Unidos significará simplemente ingresos adicionales para un país que tiene la visión y la habilidad de terminar el sueño de A.E. Stilwell y de otros, que iniciaron un proyecto casi imposible en 1900.

El Valle del Río del Fuerte

George Simmons en su reporte a Owen en 1881 (*The Texas, Topolobampo & Pacific Railroad and Telegraph Company: Reports*....p.10) afirmó que el Valle del Fuerte es "magnificente en belleza—insuperable en fertilidad—el jardín de México—una tierra tan rica y generosa, que si las medidas apropiadas para asegurar una suficiente cantidad de ella son tomadas, tengo la confianza de que el costo entero del camino, de Topolobampo a las faldas de las sierras, puede ser sufragado de las ganancias, que serán acumuladas por la Compañía, de futuras ventas de tierras."

4.45. AGUA PARA 202,429 HECTÁREAS (500,000 ACRES)— Uno de los dos canales principales de la presa Mahone, que irrigarán un proyecto agrícola de medio millón de acres en Sinaloa, en la ruta del ferrocarril Chihuahua al Pacífico (foto de Glenn Burgess, 1955).

Fort Worth Star-Telegram

— Fecha incierta

Sobre Abruptos Territorios
El Proyecto Mexicano Para Unir por Rieles a Texas con el Pacífico

Nota del editor: El siguiente reporte, sobre la construcción del ferrocarril de Ojinaga, al otro lado de Presidio, Texas, a Topolobampo en el Golfo de California, fue escrito especialmente para el *Star-Telegram* por Glenn Burgess, de Alpine, quien acaba de regresar de un viaje de más de 944.5 kilómetros (587 millas).

Incidentalmente, hay algunas dudas acerca de qué tan largo será el ferrocarril: Los ingenieros mexicanos admiten que la suma de kilómetros en las secciones todavía por construirse, más los que están ya en operación, es de 959 kilómetros (596 millas), pero piensan que la discrepancia está en algún lugar en el kilometraje de las nuevas líneas.

POR GLENN BURGESS

El puerto natural más grande en la costa oeste de Norteamérica, entre el Canal de Panamá y San Francisco, es la bahía de Topolobampo en el Golfo de California, que será el final al oeste del ferrocarril Chihuahua al Pacífico.

La línea de 944.5 kilómetros (587 millas), de Presidio, Texas, a la orilla del mar en el estado de Sinaloa, harán realidad —quizás dentro de los próximos tres años— el sueño de Arthur Stilwell, promotor del ferrocarril Kansas City, México y Oriente.

La línea Oriente en los Estados Unidos fue adquirida por el Sistema Santa Fe, y es ahora operada en Texas por Panhandle & Santa Fe. Habiendo tomado el gobierno mexicano la ruta del Oriente dentro de sus fronteras, están llevando las cosas a su término por medio de la Secretaría de Comunicaciones y Obras Públicas, SCOP.

La parte más ardua de los 283.1 kilómetros (175.95 millas) de construcción que se requieren para completar el ferrocarril, está en la División Occidental, donde la Compañía Constructora El Águila está trabajando con moderna maquinaria rumbo al noreste. La compañía es la más grande de su tipo en México.

El trabajo de nivelación y drenajes está terminado en un 38 por ciento en la División Oriental, de Creel al cañón Septentrión, una distancia de 179.2 kilómetros (111.38 millas).

NI SIQUIERA UN CAMINO PARA JEEP

Por entre ese estrecho y profundo cañón de 34.9 kilómetros (21.70 millas), no hay siquiera un camino de terracería por donde se pueda viajar en un jeep de doble tracción, y la única comunicación entre las divisiones Oriental y Occidental es por medio de aeroplanos o a lomo de caballo. Sin embargo, la Compañía El Águila espera tener terminado un camino de terracería a través del cañón en el término de un año.

La barranca ha sido ya prospectada y el trabajo de mapeo de secciones de corte, o niveles, se ha completado. Será un descenso impresionante, desde el pueblo de Témoris, para entrar en este hermoso cañón.

En su parte más baja, el final al suroeste, está Las Guazas, en la unión de los ríos Septentrión y Chínipas, aproximadamente 214 kilómetros (133 millas) al suroeste de Creel, cabeza de vía en la División Oriental, y aproximadamente 69 kilómetros (43 millas) al noreste de San Pedro, pueblo al occidente del ferrocarril en la sección de Sinaloa.

Hay servicio de trenes desde Ojinaga, al otro lado del río Bravo o Grande, de Presidio, Texas, hasta Creel, una distancia de 566.3 kilómetros (352 millas); y de San Pedro hasta Topolobampo, 109.4 kilómetros (68 millas).

Empezando en Las Guazas, y dirigiéndose al suroeste, hay una sección de 13.35 kilómetros (8.3 millas) que está en general en construcción, lo que incluye un túnel de 1,818.4 metros de largo (5,966 pies) [6,024 pies]; una sección de 16.95 kilómetros (10.54 millas), cuya nivelación y drenajes están ya 95% terminados, y una sección de 38.6 kilómetros (24 millas), cuya plataforma está terminada, salvo un costoso puente que debe cruzar el gran río del Fuerte.

El principal campamento de construcción de El Águila, llamado La Mesa, está ubicado en el río del Fuerte, aproximadamente a 180.2 kilómetros (112 millas) al noreste de Topolobampo.

La compañía está empujando su gigantesca maquinaria de remoción de tierra hacia adelante, rumbo al noreste, a un paso de 2.5 kilómetros (1.55 millas) por mes.

PRESA HIDROELÉCTRICA

A unos tres kilómetros (un par de millas) del Campo La Mesa, en la boca del cañón Huites, el gobierno mexicano está planeando construir una presa hidroeléctrica que tendrá casi 183 metros de altura (600 pies).

La compañía El Águila espera participar en este contrato cuando llegue el momento. La compañía, y la oficina gubernamental, la SCOP, esperan terminar una gran presa para riego en seis meses, en un punto sobre el río del Fuerte a 12.87 kilómetros (8 millas) al noroeste de San Pedro.

Hasta unos 5,000 hombres han estado involucrados en mover 12,000,000 de metros cúbicos de tierra y rocas para levantar la presa, que tendrá una altura máxima de 66 metros (216 pies) y una longitud de 3 kilómetros (1.86 millas). El proyecto costará $160,000,000 de pesos.

Esta presa, llamada Mahone o San Miguel, ya está captando agua, y el vaso que va a crear se espera que esté lleno en un año.

Los encargados de estadísticas del gobierno dicen que el proyecto creará oportunidades de vida para unas 310,000 personas.

Entre la presa y el golfo de California hay una llanura de aluvión extremadamente nivelada, con justo la caída para drenar sus ricos y profundos suelos. La planicie recibe lluvias insuficientes para dar cosechas, aunque, sin embargo, está cubierta de matorrales y cactos, que tendrán que ser removidos. Limpiar los terrenos y dejarlos listos para la irrigación tendrá un costo estimado de $692 pesos por hectárea (22.40 dólares por acre, con el dólar a $12.50 pesos).

El Fuerte es uno de los 12 ríos que bajan de las alturas de la Sierra Madre y cruzan el estado de Sinaloa. El único otro río que tiene una presa es el Tamazula, en el área de Culiacán, pero los restantes 10 pueden ser empleados para la irrigación, y a su tiempo lo serán.

Unas 71,000 hectáreas, o 175,000 acres, de estas llanuras de aluvión han sido puestas en cultivo con canales de irrigación desde el río del Fuerte, sosteniendo en la actualidad una población de 150,000 personas en el valle.

161 KM DE CANALES

La presa Mahone o San Miguel pondrá bajo riego unas 202,429 hectáreas adicionales, unos 500,000 acres. Para distribuir el agua habrá unos 161 kilómetros de canales principales (100 millas) y casi 200 kilómetros (124 millas) de canales laterales.

Se espera que el 70 por ciento de las operaciones de cultivos sean mecanizadas, y que los colonos sean traídos de todo México, pero se cree que Sinaloa aportará el 80 por ciento de los granjeros y agricultores.

El valle produce ahora algodón, caña de azúcar, trigo y tomates. La cosecha de tomate madura mucho más temprano que en cualquier lugar de los Estados Unidos y por tanto alcanza buenos precios. También se producen maiz y frutas.

El clima es semitropical.

4.46 y **4.47**. La empacadora de camarones en Topolobampo (fotos de Glenn Burgess, 1955).

El pueblo de Los Mochis, sobre el Chihuahua al Pacífico, a 19 kilómetros de Topolobampo (12 millas), es el que se espera se beneficie más del desarrollo agrícola. Establecido en 1902, tiene ahora 30,000 habitantes. Sus amplias calles y sus actividades se semejan mucho a las de los primeros pueblos del Panhandle de Texas y de las praderas del sur.

El ferrocarril Chihuahua al Pacífico deberá desarrollar un área agrícola desde Ciudad Obregón, 241 kilómetros (150 millas) al norte de Los Mochis, hasta Culiacán, la capital de Sinaloa, 200 kilómetros (124 millas) al sur.

FÉRTIL VALLE

Arturo R. Murillo, gerente general del Banco de Culiacán, ha declarado que los valles alrededor de Culiacán, irrigados de la presa Sanalona en el río Tamazula, producen cosechas valuadas en $140,500,000 pesos, y que la producción del Valle del Fuerte está valuada en $145,027,000 pesos.

Murillo menciona que el estado de Sinaloa es rico también en producción de plomo, zinc, cobre, plata y oro.

Topolobampo, nombre de origen mayo[1] que significa tortuga, es un pueblo que se ve un tanto desaliñado, con una población de 250 a 5,000 habitantes, dependiendo de la temporada de pesca. Pero es la ubicación de la más grande empacadora y refrigeradora de camarón en el mundo.

Eduardo Rodríguez, superintendente de la planta para la pesquería Topolobampo, una corporación mexicana, dice que el camarón alcanza los más altos precios en el mercado mundial.

―――――――――――――――――――

1 El pueblo yoreme o mayo vive en Sinaloa y su lengua está relacionada con el yoreme o yaqui y el rarámuri o lengua tarahumara. La palabra topolobampo, es de origen mayo. El Dr. Carman, en su reporte a Owen en 1881 (p.24), dice que su significado es "Agua escondida", pero de acuerdo con Anacleto Ramírez, un mayo hablante de la lengua y traductor de la Biblia a su idioma, la primera parte de la palabra se refiere a un "tigrillo" o felino silvestre, quizá un ocelote, con el nombre del lugar terminando en agua: -bampo. El nombre de Los Mochis es también mayo de origen, y viene de la palabra para tortuga, probablemente una tortuga de mar gigante vista en el mar. Véase también Collard, *Vocabulario Mayo*.

4.48. MARAVILLA ESCÉNICA—Los rieles de acero pasan a unos 92 metros (100 yardas) de este mirador en la Barranca del Cobre. Esta maravilla escénica tiene más de 1,600 metros de profundidad, y continúa río abajo. A la izquierda, el ingeniero Streit, el Ing. García Malo y Joe Burgess, hijo del fotógrafo, Glenn Burgess (foto de Glenn Burgess, 1960). [En el cañón se pueden ver los claros limpiados por los tarahumares, donde siembran su maíz.]

The El Paso Times

– Domingo, 16 de Octubre, 1960

Una Nueva Era de Comercio e Intercambio para México
Una Relación por Rieles Largamente Buscada está por Abrirse

Por Glenn Burgess
    Corresponsal del Times

Creel, Chih., México.—Un sueño de 60 años se verá realizado el 23 de Noviembre.[1]

En esa fecha, un tren de pasajeros saldrá de Ciudad Juárez hacia la ciudad de Chihuahua, y se establecerá una relación que pondrá a México en una mejor posición para el intercambio y el comercio.

En la ciudad de Chihuahua el tren dará vuelta hacia el oeste, y hacia el mar, para ir a Topolobampo en el Océano Pacífico. En el otro extremo de la línea está Ojinaga, Chihuahua, justo cruzando el río Bravo de Presidio, Texas.

Esto formará una línea completa desde Kansas City hasta el Pacífico.

El presidente López Mateos, el gobernador de Chihuahua, Teófilo Borunda, y numerosos oficiales de alto rango del gobierno de México y periodistas, irán en esa corrida inaugural.

Los trabajos de construcción están ahora en su fase final.

Rieles manufacturados en Pueblo, Colorado, por la compañía Colorado Fuel and Iron, son transportados a Presidio, Texas, por el ferrocarril Santa Fe y han sido instalados a lo largo de prácticamente todo el resto de la línea, unos 283 kilómetros (176 millas) de la vía entre Creel, Chihuahua, y Hornillos, Sinaloa. Es el eslabón que quedaba pendiente de la línea original de 2,670 kilómetros (1,659-millas) desde Kansas City hasta Topolobampo, que ha desafiado a los hombres de la construcción por 60 años.

LOS CORTOS SEGMENTOS QUE QUEDAN

Tres mil hombres, utilizando moderna maquinaria de todos los tamaños, están febrilmente atacando el trabajo de construcción en los dos cortos segmentos que quedan por terminarse en la línea: 27.3 kilómetros (17 millas) en la parte alta del cañón Septentrión cerca de la frontera occidental de Chihuahua, y

---

[1] Esta fecha de terminación fue retrasada por un año.

4.49. Moviendo los rieles línea abajo, donde serán conectados a otros rieles (foto de Glenn Burgess, 1960).

4.50. Preparándose para levantar los rieles del "truque" (foto de Glenn Burgess, 1960).

4.51 y 4.52. TRABAJANDO DURO—Este equipo trabaja en perfecta sincronía en la entusiasmante tarea de colocar los rieles sobre los durmientes. Se requieren 32 hombres para levantar los dos rieles de 23.8 metros (78 pies) de largo, soldados juntos. El proceso de soldadura hace a los rieles mucho más estables (fotos de Glenn Burgess, 1960).

La Construcción

4.53 y **4.54.** Para soldar cada conexión de los rieles, se preparan en el sitio formas hechas de arena y arcilla. Luego los rieles son precalentados hasta la temperatura deseada con calentadores de petróleo, y el acero fundido es vaciado en el molde (fotos de Glenn Burgess, 1960).

11.3 kilómetros (7 millas) en el cañón de Cuiteco, más o menos en el punto medio del segmento de 283 kilómetros (176 millas). Otros 3,000 hombres adicionales están preparando las plataformas para tender las vías, trabajo que está siendo realizado por un equipo de 125 hombres.

Finalmente, trabajadores en los bosques de la alta Sierra Madre, están labrando 400,000 durmientes,[2] que están siendo creosotados en la planta de La Junta, mientras que en una planta de concreto cerca de San Blas, Sinaloa, se manufactura un nuevo tipo de durmiente para la sección de 74 kilómetros (46 millas) entre Hornillos y Chínipas, en el extremo occidental.

En tanto que el trabajo en la nueva línea está acercándose rápidamente a su término, el último paso en la modernización del segmento de 299.3 kilómetros (186 millas) entre Creel y la ciudad de Chihuahua, al túnel Aguatos de 1,250 metros (4,100 pies) a través de la División Continental en Creel (justo al norte de esta población) sólo le faltan 18.3 metros (60 pies) de roca por ser removida, y 3.5 kilómetros (2.17 millas) de rieles. Los nuevos rieles, durmientes, balasto, mejores curvas y nuevos túneles, y mucha nivelación de plataformas, han sido completados en toda la ruta entre Chihuahua y Creel. En La Junta, donde el ferrocarril del Noroeste, que sale de El Paso y Ciudad Juárez, se conecta con el Chihuahua al Pacífico, se están haciendo planes para la modernización de los primeros 161 kilómetros (100 millas) de La Junta a Madera

Todo lo antes mencionado se agrega a una definitiva conexión de los rieles entre Creel y la costa oeste para el 23 de Noviembre, la fecha propuesta para que el presidente de la república realice la ceremonia de apertura. Esto será año y medio más temprano de lo que los ingenieros encargados del proyecto calculaban en Abril de 1959, cuando este reportero recorrió toda la ruta del ferrocarril.

DIFÍCIL TAREA

Los ingenieros dicen hoy que será muy difícil, pero es ahora posible, el unir los rieles para esa fecha de Noviembre.[3]

Sin embargo, una cantidad increíble de trabajo de construcción ha sido completada desde Abril de 1959.

---

2 Para los comentarios de uno de los hacheros que hicieron algunos de esos durmientes, véase la entrevista con Candelario López más abajo.

3 Los ingenieros me dijeron que necesitaban más tiempo para poner todo en las mejores condiciones, pero que los políticos entraron en la escena y obligaron a una terminación en más corto tiempo.

4.55. Ingenieros revisan el puente de Cuiteco. La principal viga de concreto ha sido pre-tensada y tiene cables, que pasan por tubos, con una tensión de 900 toneladas. Esto causa que el puente se curve hacia arriba unos 20 a 23 centímetros (8 a 9 pulgadas) cuando no hay un tren cruzándolo (foto de Glenn Burgess, 1960).

4.56. Mariano García Malo, conversando con el ingeniero Ernesto Talamantes, quien dirigía la división de trabajos del oeste, y su esposa (foto por Glenn Burgess, 1960).

El Reto de la Sierra Tarahumara

El sueño original, concebido por A.E. Stilwell, de colocar a la parte central de los Estados Unidos 644 kilómetros (400 millas) más cerca del Pacífico, de Kansas City, y que ahora está siendo ejecutado por el mejor ingeniero en construcción de ferrocarriles de México, el ingeniero Francisco Togno, será realidad antes de un año más.

La línea terminada será extremadamente diferente de los ferrocarriles construidos por Stilwell en la primera parte del siglo XX. Los más destacados ingenieros de la construcción consideran a la nueva línea una completa revolución en la construcción de ferrocarriles. Para mantener la pendiente requerida de 2.5 por ciento a través de la Sierra Madre, 84 túneles, 35 puentes y 4 puentes de caballete han sido construidos entre Creel y Hornillos.

Otros dos largos túneles han sido construidos entre Creel y San Juanito, sobre la línea original, haciendo un total de cuatro entre Creel y la ciudad de Chihuahua. Los túneles de toda la línea varían en longitudes, desde unos cuantos metros hasta 2 kilómetros (1.2 millas). Un puente que cruza el río del Fuerte tiene aproximadamente 30.5 metros (100 pies) de altura y 443 metros de largo (1,454 pies). Uno más, sobre el río Chínipas, elevará a los trenes a casi 91.5 metros (300 pies) sobre el río. Y otro más, todavía, cerca de Cuiteco, es el único puente de ferrocarril de concreto pre-tensado en Norteamérica.[4]

Luego, a través de las montañas y en la mayor parte de la línea entre Chihuahua y Topolobampo, en el golfo de California, los ingenieros mexicanos han adoptado el sistema europeo de colocación "plástica" de rieles. A la mano, para el tendido final de las vías, está el experto de Francia Michel Streit, ingeniero civil que se ha especializado en nuevas formas de colocación de rieles, especialmente en terrenos montañosos; está trabajando muy de cerca con el competente ingeniero constructor de México, Mariano García Malo, quien es una combinación de ingeniero eléctrico, mecánico y civil.

El ingeniero García estaba a cargo de la modernización de la vieja línea del Southern Pacific entre Nogales y Guadalajara, y el más reciente trabajo entre Creel y la ciudad de Chihuahua.

El sistema "plástico" implica asentar los rieles sobre una placa de hule, fijando el riel en el durmiente con un gran tornillo y una placa flexible de acero que funciona como resorte, con un

---
4 El ingeniero Leal, tío de Francisco Togno, me dijo que todos los puentes más largos tienen este tipo de construcción.

ángulo interno de 1:40, y soldando un riel con el otro, por pares, eliminando así la mitad de los acoplamientos convencionales.

EL TIPO DE FIJACIÓN

En los tramos rectos y a nivel, han soldado tres rieles juntos, y en una sección están experimentando con rieles soldados de 731.5 metros (800 yardas). En las montañas, los rieles originales son de 23.8 metros de largo (78 pies). Con este sistema, pueden utilizar los rieles comparativamente ligeros de 90 libras o 40.77 kilos. En Francia, velocidades de hasta 327.2 kilómetros por hora (203.36 millas por hora) han sido alcanzadas con este tipo de construcción.

Aunque el 60 por ciento de la distancia entre Creel y Hornillos son principalmente curvas, los ingenieros están preparando todo para una velocidad promedio de los trenes de 59.5 kilómetros por hora (37 millas por hora), en el movimiento de carga. Diez locomotoras Fairbanks-Morse de diseño especial han sido ordenadas, a un costo de $30 millones de pesos ($2.4 millones de dólares); tres de ellas tendrán sistemas de calefacción a vapor para los carros de pasajeros.

Antes de tender los rieles, los 3,000 trabajadores están haciendo todo lo posible para estabilizar las plataformas, las entradas de los túneles y los muros de retención de los cortes. Esto requiere de nivelación de las pendientes, construcción de estructuras de drenaje de concreto y piedra, y desalojar todos los probables derrumbes de rocas. Esto último es muy importante, por la falta de visibilidad en las curvas. Después de que las vías son asentadas, balasto de rocas, preparado con anticipación, es colocado sobre el lecho del camino.

El tendido de los rieles está siendo hecho parcialmente a mano: Primero, los rieles fueron transportados por ferrocarril en carros plataforma a Creel y luego puestos sobre camiones de plataforma; y después son tendidos a lo largo de la plataforma de la vía. Los camiones se mantienen adelante del tren de construcción y de las cuadrillas con los durmientes, que son puestos en su lugar a mano; los rieles de 47.5 metros (156 pies) son llevados a su lugar por una cuadrilla de 32 hombres, armados con tenazas especiales. Siguiendo a los que mueven los rieles, va una cuadrilla de 21 hombres, operando maquinaria diseñada para insertar los grandes tornillos para madera, de manera que las placas-resortes fijadores de acero tengan la tensión apropiada.

En tanto que el proyecto avanza, el costo de transportación de durmientes se convierte en un asunto de importancia, hasta que en la región occidental del estado de Chihuahua se eleva a tres veces el costo original de los mismos durmientes. Es por eso que están utilizando los durmientes de concreto en Sinaloa: Dos bloques de concreto reforzado son unidos por un trozo de riel. Esta clase de unión, utilizada extensivamente en Francia, tiene un tiempo de vida de 50 años, mayor en comparación que los 30 años de vida de un durmiente normal de madera creosotada.[5]

CERRANDO LA BRECHA

Cuando la cuadrilla de tendido de rieles alcanzó La Laja, aproximadamente a 88 y medio kilómetros (55 millas) al oeste de Creel, se encontraron con un hueco en la construcción. El ingeniero García se saltó esa brecha y tendió otros 50 kilómetros (31 millas) adicionales de rieles sin tener el apoyo de un tren de construcción. Cuando terminó esa sección, regresó entonces al segmento de 11.3 kilómetros (7 millas), que para entonces debería estar ya listo para instalar los rieles. Al día de hoy, la vía avanza a un ritmo de 731.5 a 1,371.6 metros por día (800 a 1,500 yardas). El tendido de rieles empezó en Creel el 1º. de Junio, y para el 11 de Octubre había ya casi 80.5 kilómetros (50 millas) de vía terminados.

Soldar los rieles es un logro notable: Una fundición movible tiene que ser integrada en cada conexión necesaria. Igual que en una gran fundición, se hacen moldes de arena y arcilla, que son unidos en torno a la conexión. Luego los rieles son pre calentados a la temperatura deseada con quemadores de petróleo, y el acero fundido es vaciado en el molde. Esta operación es delicada y es vigilada con todo cuidado.

La línea completa será una adaptación de los más modernos métodos de penetración en terrenos montañosos, usada ahora en Francia, Suiza, Alemania y Suecia. Los últimos 283 kilómetros (176 millas) han sido ubicados, prospectados, diseñados y construidos bajo la dirección de ingenieros mexicanos. Este ferrocarril es considerado una obra de construcción del desarrollo nacional, financiada completamente por el propio gobierno mexicano.

HOMBRE SOBRESALIENTE

La construcción ha sido llevada al cabo por la Secretaría de Obras Públicas, pero una perso-

---
5 Para una discusión sobre el uso de durmientes de madera y concreto, véase "Justificación del uso del durmiente de concreto en los ferrocarriles Mexicanos", por el Ing. Carlos Lezama G. en *Comunicaciones y Transportes*, pp.69-82.

4.57. CONSTRUCCIÓN PESADA—Moderna maquinaria de la Compañía Constructora El Águila, que tiene el contrato para construir la división occidental del ferrocarril Chihuahua al Pacífico, corta el tajo de un arduo camino (foto de Glenn Burgess, 1955).

na sobresale como la razón de la terminación del ferrocarril: el ingeniero Francisco Togno empezó como un contratista local cerca de Creel; luego fue el ingeniero a cargo de ubicar la ruta final; después el ingeniero a cargo de la oficina de construcción en la ciudad de Chihuahua; más adelante, pasó a ser el jefe de construcción de todos los ferrocarriles de México; y ahora ha sido ascendido a la posición de asesor del Secretario de Obras Públicas.

Este ingeniero es quien convenció a tres presidentes de México de que el proyecto era factible y de que debería ser terminado.[6] El ingeniero Togno creía que Stilwell, el promotor original, había hecho válidos razonamientos económicos al proponer e iniciar el ferrocarril, y dedicó su vida a completar ese sueño.

Ahora, se dice mucho más en relación a hacer de Ojinaga, Topolobampo y posiblemente Ciudad Juárez, puertos libres, de manera que mercancías transportadas a y desde los Estados Unidos, podrán ser movidas por todo México en depósito bajo fianza, hasta que los impuestos sean cubiertos. El movimiento de carga requerirá 20 horas de Topolobampo a Ojinaga, y un poco más de Topolobampo a Ciudad Juárez.

De acuerdo a los cálculos provistos por el ingeniero de la División Alfonso Rincón Benítez, quien ha manejado la mayor parte del trabajo de construcción, la distancia en rieles de Ojinaga a Topolobampo es de 936.4 kilómetros (582 millas), y de Ciudad Juárez a Topolobampo, vía el ferrocarril del Noroeste, de 1,063.5 kilómetros (661 millas). Stilwell calculó originalmente una distancia de Kansas City a Topolobampo de 2,669.3 kilómetros (1,659 millas). Los ingenieros mexicanos creen que podrán generar considerables ahorros en la carga de la costa del Pacífico a las ciudades de la parte media del continente en los Estados Unidos.

Se están realizando estudios sobre el servicio de pasajeros y un tren especial desde Texas se está considerando por parte del departamento de pasajes para cuando el camino esté en operaciones.

Ahora, un ferrocarril internacional, promovido originalmente en Kansas City como el Kansas City, México y Oriente en 1900, podrá entrar en operaciones

---
6 En una carta a Glenn, del 17 de Junio de 1962, el ingeniero Togno dijo que tuvo que tratar con cinco presidentes, pero sólo pudo convencer a tres: Fueron el General Lázaro Cárdenas (1940); el General Manuel Ávila Camacho (1942); el licenciado Miguel Alemán (1946), quien suspendió los trabajos; Adolfo Ruíz Cortines, quien atacó la obra con gran intensidad; y el licenciado Adolfo López Mateos (1959), quien terminó la obra.

reales después de 60 años. Otras personas pensaron en la posibilidad de una línea desde El Paso y de la ciudad de Chihuahua hasta el Pacífico, antes de que Stilwell anunciara sus planes.

Cuando menos tres empresas estuvieron involucradas en la idea de iniciar un ferrocarril desde Ciudad Juárez a La Junta, vía Casas Grandes, en 1897. Para 1900, estas mismas compañías habían construido una línea de 193 kilómetros (120 millas) desde Chihuahua hasta Miñaca, en la ruta entre Chihuahua y Topolobampo. El segmento La Junta-El Paso fue terminado en 1911.

EMPEZÓ EN 1900

Stilwell organizó su compañía a principios de 1900; empezó las nivelaciones ese mismo año en Harper County, Kansas; tendió sus primeros rieles en Emporia, Kansas, a partir del 4 de Julio de 1901; inició la construcción desde Chihuahua hacia Ojinaga en 1903; construyó el enlace Miñaca-Creel de 100 kilómetros (62 millas) en 1907; realizó muchos trabajos de prospección en la sierra, y luego perdió su proyecto en 1912.[7]

------
7 Stilwell murió en 1917. Dos semanas después de su muerte, su esposa saltó hacia su propia muerte desde el 12vo. piso de su apartamento en Nueva York. Dejó una nota diciendo: "Simplemente no podría vivir sin la persona a quien tanto amo" (Kerr, p.105).

Quienes recibieron el proyecto, completaron la línea a Ojinaga a finales de 1928, el año en que el Sistema Santa Fe compró toda la línea. En 1929 el Santa Fe vendió sus propiedades en México a B.F. Johnston, de Sinaloa, y en 1930, completaron su línea desde Alpine hasta Presidio. Johnston perdió dinero en el ferrocarril y pasó sus acciones al gobierno mexicano en 1940.

México inició sus trabajos de ubicación de la vía en el segmento final de 283 kilómetros (176 millas) en 1941. Algunos trabajos de construcción se iniciaron en 1953, y para 1955 ya se estaban moviendo rápidamente. Luego, en 1956, vinieron mayores apropiaciones, y desde ese tiempo todo esfuerzo posible ha sido aplicado para completar la línea, que va a tener un costo en los alrededores de $144 millones.

Cuando esta línea sea terminada, los trabajos de rehabilitación de la vieja línea del Noroeste, de La Junta a El Paso, deberán empezar. Considerables trabajos de prospección se han realizado ya en los primeros 161 kilómetros (100 millas), entre La Junta y Madera.

Este proyecto tiene ahora interés para dos regiones geográficas de los Estados Unidos.

El Reto de la Sierra Tarahumara

AMPLIA COBERTURA

La cobertura informativa del primer viaje inaugural será una de las más amplias en México.

A la fecha, 34 periodistas, y equipos de radio y televisión han registrado sus reservaciones. Incluidos están *El Paso Times*, el *Denver Post*, el *Fort Worth Star Telegram*, el N*ational Geographic Magazine*, las revistas *Time* y *Life*, el *Arizona Republic*, periódicos de la ciudad de México y de Chihuahua, *Los Angeles Times* y muchos otros.

Un autobús especial llevará a los periodistas desde Juárez a Chihuahua, donde abordarán el tren.

Después de regresar a Chihuahua, el gobernador Teófilo Borunda ofrecerá una barbacoa en su rancho.

El presidente López Mateos ha resumido la apertura de la vía férrea diciendo: "México toma otro positivo paso hacia adelante, en su desarrollo económico y comercial."

Un Accidente con el "Truque"

Los rieles son muchas veces movidos poniéndolos sobre un juego de ruedas conocido como "truque", que luego es movido por un carro motorizado – llamado "pas pas" por el sonido que hace – que se mueve a lo largo de donde los rieles son tendidos donde van trabajando.

Salvador "Chava" Bustillos, quien trabajó en una de estas cuadrillas cuando era joven, cuenta que en 1960, cuando estaban trabajando justo arriba de El Lazo, un truque con cuatro rieles se soltó del carro y empezó a rodar hacia abajo de la plataforma, tomando velocidad conforme avanzaba. Había dos nuevos carros motorizados con cubiertas de lona, con los que se transportaba a la gente, que estaban detenidos en el túnel justo antes de El Lazo, y el truque rodó hasta ellos, matando a cuatro personas e hiriendo a dos.

Antonio González, quien era el "maquinista" que manejaba el carro motorizado para Mariano García Malo, me contó que su hermano estaba allí cuando todo eso sucedió, y le dijo que algunas piedras pequeñas habían sido colocadas bajo las ruedas del truque para evitar que rodara por los rieles, en tanto que había sido desconectado del carro motorizado que habían usado para jalarlo. Pero entonces un gran trueno en el cielo estremeció toda el área y las piedras se cayeron fuera de los rieles y el truque empezó a moverse. Su hermano trató de detenerlo, pero no pudo hacerlo. El carro motorizado lo siguió entonces detrás, tocando el claxon para alertar a la gente, pero los que estaban en el túnel no pudieron darse cuenta de lo que estaba sucediendo.

4.58. Los rieles, manufacturados en la planta de la empresa CF&I, en Pueblo, Colorado, fueron enviados por el ferrocarril Santa Fe, entrando a México por Presidio, Texas. Depositados en Creel, eran transportados al suroeste, a lo largo de 283 kilómetros (176 millas) de la plataforma de la vía, por camiones de plataforma y tendidos a lo largo de ella (foto de Glenn Burgess, 1960). [El edificio de piedra era la estación local de gasolina y combustibles, ahora el Hotel Cascada Inn, propiedad de la misma familia. A su izquierda está el Hotel Luz Silvia, ahora Hotel Parador de la Montaña.]

4.59. Los mismos edificios en 2012 (foto de Don Burgess).

– Lunes, 22 de Mayo, 1961

El Reto de la Sierra

Hombres que Mueven Montañas para Tender 283 Kilómetros (176 Millas) de Rieles CF&I, que Cierran la Brecha entre Kansas y la Costa Occidental de México

Por Glenn Burgess[1]

CHIHUAHUA, México—El tesoro de la Sierra Madre ya no es el oro. Es acero, acero de la CF&I, que está ayudando a que el gobierno mexicano termine un fantástico proyecto de ferrocarril que unirá la costa occidental de México con Kansas City, a 2,525 kilómetros de distancia (1,569 millas).

En los últimos cinco años, 6,000 hombres han estado desafiando a la naturaleza con moderna maquinaria y sus manos desnudas, para que 283 kilómetros de rieles CF&I (176 millas), puedan ser tendidos entre Hornillos y Creel, justo a través de las formidables montañas de la Sierra Madre. Y en unos cuantos meses más, será posible transportar carga, y quizá llevar pasajeros, desde El Paso y Presidio, ambas poblaciones tejanas fronterizas, hasta Topolobampo, justo en el Golfo de California.

Originalmente, la línea Creel-Hornillos estaba programada para ser terminada en Noviembre de 1960, pero increíbles dificultades en la construcción de puentes y la perforación de túneles a través de las montañas de la Sierra Madre, han impedido que los equipos de construcción puedan cumplir con la meta. Una nueva fecha para la meta ha sido fijada, para el 1º. de Noviembre de 1961, lo que dará a los ingenieros suficiente tiempo para nivelar y estabilizar las vías después de la temporada de lluvias.

Aunque al menos tres empresas estuvieron involucradas en iniciar el ferrocarril desde Ciudad Juárez, al otro lado de El Paso, hasta La Junta, vía Casas Grandes, en 1879, el sueño de poner las regiones centrales del continente de los Estados Unidos 644 kilómetros (400 millas)

---

[1] *Blast* era un periódico quincenal de la Colorado Fuel and Iron Corporation, CF&I, de Pueblo, Colorado.

más cerca del Pacífico, fue concebido originalmente por A.E. Stilwell, de Kansas City, hace unos 61 años.

Organizado como el Kansas City, México y Oriente a principios de 1900, ese mismo año la empresa de Stilwell empezó a trabajar en las plataformas para la vía en el condado de Harper, Kansas. Los primeros rieles fueron tendidos en Emporia, Kansas, a partir del 4 de Julio de 1901, y en 1903 Stilwell empezó la construcción desde la ciudad de Chihuahua hacia Ojinaga, construyendo la conexión Miñaca-Creel de 100 kilómetros (62 millas) en 1907. En 1912, después de haber hecho extensos trabajos de prospección en la sierra, Stilwell perdió el proyecto.

Los que lo adquirieron, completaron la línea a Ojinaga a fines de 1928, el mismo año en que la Santa Fe compró toda la línea. En 1929 la Santa Fe vende sus acciones de la parte de México a B.F. Johnston, quien, sin embargo, pierde dinero en el ferrocarril que había comprado y traspasó su propiedad al gobierno mexicano en 1940.

Los trabajos de ubicación de la vía en el segmento final de Creel a Hornillos, de 283 kilómetros (176 millas), se iniciaron en 1941 por el gobierno de México, y otras construcciones se hicieron en 1953. Para 1955 el proyecto se estaba moviendo rápidamente. Luego, en 1956, se hicieron mayores apropiaciones por el gobierno mexicano, y desde entonces no se ha evitado esfuerzo alguno para terminar la obra de $144 millones, tan rápidamente como el abrupto terreno y las temporadas de lluvias en México lo han permitido.

Pocos proyectos de ferrocarriles en cualquier lugar del mundo han requerido tal demostración de conocimientos de ingeniería y pura tenacidad humana, como el tramo Hornillos-Creel, que fue definido, prospectado, diseñado y construido bajo la dirección de técnicos mexicanos.

Dirigidos por el mejor ingeniero de construcción de ferrocarriles en México, Francisco Togno, los 6,000 trabajadores en el proyecto han construido 84 túneles, 35 puentes y 4 puentes de caballete para mantener la pendiente de 2.5 por ciento a través de la Sierra Madre. De esos 6,000 hombres, la mitad está dinamitando roca, rompiendo enormes peñascos, perforando túneles y vaciando concreto, en tanto que la otra mitad de la fuerza de trabajo está preparando las plataformas para tender las vías.

Además, hombres trabajando en los bosques de la alta Sierra

Madre han producido 400,000 durmientes para ser creosotados en una planta en La Junta; y una planta de concreto cerca de San Blas, en Sinaloa, está manufacturando un nuevo tipo de durmiente de concreto para la sección de 74 kilómetros (46 millas) entre Hornillos y Chínipas, en la parte occidental final de la línea.

Los rieles utilizados en el proyecto han sido manufacturados por CF&I en su planta en Pueblo, Colorado, y transportados a Presidio por el ferrocarril Santa Fe. Desde la frontera, los rieles fueron enviados a Creel en carros plataforma del tren y luego cargados en camiones para ser tendidos sobre las plataformas ya niveladas.

Siempre que es posible eliminar los acoplamientos convencionales, los rieles son soldados punta a punta con una fundición portátil de acero. En las plataformas a nivel y tramos rectos, tres o cuatro rieles soldados son utilizados, y en una nueva sección de la nueva línea, los ingenieros mexicanos están experimentando con rieles soldados de 731.5 metros (2,400 pies). En las montañas, las vueltas y curvas limitan la longitud de los rieles a 23.8 metros (78 pies) con dos rieles soldados.

Se necesitan 32 hombres para colocar los rieles sobre los durmientes y otra cuadrilla de 21 para operar la maquinaria que fija los rieles a los durmientes. En total, la cuadrilla de tendido de vía suma 125 personas.

En tanto que el proyecto avanza, el costo de transportación de los durmientes se eleva, hasta que en la parte occidental del estado de Chihuahua llega hasta tres veces su costo original. Por esta razón, sólo durmientes de concreto, hechos de dos bloques de concreto reforzado, unidos por un trozo de riel, son utilizados en Sinaloa. Este tipo de durmiente, utilizado exclusivamente en Francia, tiene una duración de 50 años, en comparación con los 30 años de un durmiente de madera creosotada.

Unir a Creel con Hornillos no es, sin embargo, la única tarea de construcción emprendida por el gobierno mexicano para hacer de su red de ferrocarriles uno de los mejores instrumentos de transporte en el Hemisferio Occidental. De Creel a Chihuahua, el segmento existente de casi 300 kilómetros (186 millas) está siendo completamente modernizado, y unos 3.5 kilómetros (2.17 millas) de plataformas con alta pendiente serán eliminados por la construcción del túnel Aguatos, de 1,249.7 metros (4,100 pies), a través de la División Continental, cerca de Creel. Y en La

4.60. Ingeniero prospectando para la construcción de un túnel cerca de Cuiteco (foto de Don Burgess, 1959).

Junta, donde el ferrocarril del Noroeste, que viene de El Paso y Ciudad Juárez, conecta con la línea del Chihuahua al Pacífico, se han iniciado los trabajos para renovar los primeros 161 kilómetros (100 millas) hacia Madera, en la línea La Junta-Juárez. En estos proyectos, también, los rieles de CF&I serán fundamentales para colocar a México en una mejor posición en el intercambio económico y el comercio.

Ya se realizan pláticas acerca de hacer de Topolobampo, en el golfo de California, y Ojinaga y Juárez, al otro lado de Texas, puertos libres, de manera que los bienes enviados a y desde los Estados Unidos, puedan ser movidos en depósito bajo fianza (es decir bajo el cargo de agencias de importación, hasta que los impuestos sean pagados). El movimiento de carga requerirá 20 horas de Topolobampo a Ojinaga (936.4 kilómetros, 582 millas), y un poco más de Topolobampo a Juárez (1,063.5 kilómetros, 661 millas). También se están realizando estudios en relación al servicio de pasajeros, y un tren especial desde Texas está siendo considerado por el departamento de transporte de pasajeros de ferrocarriles nacionales de México, para cuando la línea esté en operaciones.

No solo un nuevo e importante factor del desarrollo económico de México será el eslabón Creel-Hornillos, y quedará erigido como un monumento a la construcción de ferrocarriles y a los hombres que literalmente han movido montañas para construirlo. Y para los trabajadores del acero que hicieron los rieles necesarios para este logro de la ingeniería y la construcción, hay mucho orgullo para sentir, al saber que el producto que entregaron está ayudando a una nación amiga en su camino al progreso.

Los Ingenieros y sus Familias

Dada la duración de la construcción del ferrocarril Chihuahua al Pacífico, la vida familiar continúa en la sierra. Muchas de las familias de los ingenieros vivían con ellos en los campamentos. Maestros fueron enviados por la Secretaría de Educación Pública, SEP, con sus salarios cubiertos por la Secretaría de Comunicaciones y Obras Públicas, SCOP. El ingeniero Miguel Leal se casó con una de las maestras del campamento de Areponápuchi, Ernestina Quezada Villalobos, originaria de Creel; han estado casados más de 50 años. Otros ingenieros prefirieron tener a sus familias en la ciudad de Chihuahua.

4.61. El ingeniero Jorge Togno al centro, con Don Burgess a la derecha. Las demás personas no están identificadas (foto de Glenn Burgess, 1955).

4.62. El ingeniero Ramón Togno Purón, hermano menor de Francisco Togno, con su esposa Guita y sus dos hijas (foto de Glenn Burgess, 1955).

4.63. El ingeniero Arturo Múzquiz Orendáin, graduado del Instituto Politécnico Nacional, con su esposa en Areponápuchi (foto de Glenn Burgess, 1955).

4.64. El ingeniero García Malo con su esposa y sus tres hijos en su hogar en la ciudad de Chihuahua (foto de Glenn Burgess, 1960).

4.65. Un obstáculo formidable durante la construcción de la línea Creel-Hornillos en México, esta roca de 9,000 toneladas, de 22.86 metros (75 pies) de altura, que rodó hacia abajo hasta la plataforma de la vía, después de que varios intentos fueron hechos para estabilizarla. La persona de pie en la base de la roca es Mariano García Malo, ingeniero mexicano del tendido de la vía y de rehabilitación de vías, trabajando en el enorme proyecto. Para abrir el camino para el equipo de 125 personas que asentaron los rieles CF&I de 283 kilómetros (176 millas) de vía férrea, 6,000 trabajadores tuvieron que abrir el camino dinamitando a través de la Sierra Madre (foto de Glenn Burgess, 1960).

La Inauguración
artículo de prensa por Ramon Villalobos con notas de Don Burgess

5.1. UN PRESIDENTE SONRIENTE Y UNA AMABLE RECEPCIÓN. Cada vez que el presidente Adolfo López Mateos aparecía del tren presidencial, en el viaje de inauguración del ferrocarril Chihuahua al Pacífico, fue saludado por multitudes que lo aplaudían y saludaban con sus sombreros. Aquí se ve al presidente con el gobernador de Chihuahua, Teófilo Borunda, rodeados por tres encantadoras señoritas de Anáhuac, donde el presidente inauguró un hospital de Seguridad Social. Igualmente inauguró otras obras públicas sobre la ruta, incluyendo dos presas (foto por Jorge Bate, de *El Paso Times*).

5.2, 5.3 y 5.4. Estampillas Conmemorativas de 1961.

Estampillas Conmemorativas

Estas estampillas fueron emitidas para conmemorar la inauguración del ferrocarril: se imprimieron cuatro millones de cada una. Una estampilla indica la ruta del ferrocarril, la segunda es la vista a la salida de un túnel, y la tercera muestra a un avión volando bajo uno de los puentes del ferrocarril. Esta última estampilla ilustra un hecho que sucedió en el puente Chínipas. El ingeniero Leal cuenta cómo el capitán Fierro de Los Mochis voló bajo el puente de Chínipas, un poco después de que fue terminado: un peligroso acto, por la presencia de unos cables bajo el puente. Como resultado, le fue retirada su licencia de piloto. Pero luego, funcionarios oficiales en México supieron lo que había hecho. Le dijeron entonces que si volvía a volar bajo el puente una vez más, de manera que se pudieran tomar fotografías para utilizarlas en una estampilla, entonces le restituirían su licencia. Y así sucedió. Una película también fue tomada.

The El Paso Times

– 23 de Noviembre, 1961

El Presidente Inicia las Festividades por la Inauguración del Ferrocarril

por Ramón Villalobos[1]

Chihuahua, Chih.—El presidente de México, Adolfo López Mateos, arribó por avión la tarde del Miércoles 22 con todos los miembros de su gabinete, excepto dos, y fue recibido con una calurosa ovación por las personas que se congregaban a lo largo de todo el camino entre el aeropuerto y en el centro de la ciudad de Chihuahua.

El presidente está aquí para inaugurar la apertura de uno de los más grandes proyectos nunca emprendidos por el país, el ferrocarril Chihuahua al Pacífico, que empieza en Ojinaga y termina en Topolobampo, en la costa del Pacífico.

Por primera vez en la historia de México, el gabinete del presidente lo acompaña en un viaje de este tipo. Con la excepción del Secretario de Relaciones Exteriores y el de Defensa Nacional, llegaron a la ciudad con el presidente López Mateos.

Otros altos funcionarios nacionales y estatales que llegaron la tarde del Miércoles, incluyen a 36 senadores, 36 diputados, y 66 alcaldes del estado de Chihuahua.

El presidente fue conducido en un auto abierto entre las aclamaciones de la multitud, hasta su llegada al palacio municipal en el centro de la ciudad de Chihuahua.

El gobernador de Chihuahua, Teófilo Borunda, convocó a una reunión especial de la legislatura local cuando llegó el presidente, para dar a López Mateos la distinción por logros especiales que fue recientemente creada por la legislatura.

El presidente López Mateos es el primero en recibir esta medalla, que le fue presentada por el legislador de Juárez, Félix Cervantes, presidente del Congreso de Chihuahua.

Un banquete se sirvió en el gimnasio municipal de la ciudad de Chihuahua el Miércoles por la

---
1 Por una razón desconocida, Glenn no escribió sobre la inauguración.

noche, en honor del presidente, con 700 invitados. El presidente y su comitiva, y los periodistas que les acompañan, saldrán a las 7 de la mañana del Jueves a bordo del tren presidencial especial, a Santa Bárbara, Chihuahua, donde oficialmente inaugurará el ferrocarril.

Nombres de las Estaciones y Vías Laterales del Ferrocarril

Puede verse que algunas estaciones llevan el nombre de poblados que ya existían, como Chihuahua (un pueblo de origen minero, nombre cuyo significado se sigue discutiendo) y El Fuerte (sitio de un antiguo fuerte español).

Algunos de los pueblos en la línea ferroviaria llevan nombres en lenguas americanas antiguas, como Teméichi (lugar de tortillas), Cuiteco (garganta), y Bahuichibo (llanura brumosa), en ralámuli.

Otros tienen nombres españoles, como San Juanito, un pueblo que empezó como centro ferroviario y fue nombrado así por un rancho cercano. El nombre en español Pitorreal es la traducción del nombre original tarahumara de un rancho, llamado Reláibo, "llanura del carpintero imperial." (Este pájaro carpintero, el más grande del mundo, está ahora aparentemente extinto. Yo vi uno por el año de 1970 en el cerro de Huichúachi.)

Ciudad Cuauhtémoc fue originalmente un rancho llamado San Antonio de Arenales, pero en 1927 empezó a crecer como pueblo y se le dio el nombre del último emperador azteca. Santa Bárbara, como la estación de Témoris es a veces llamada, es el nombre de una mina en las cercanías.

A algunas estaciones y vías laterales les fueron dados los nombres de personas que tuvieron gran interés en el ferrocarril, entre ellos algunos gobernadores como Enrique Creel, José María Sánchez, etc.; empresarios como Julio Ornelas; y personal del ferrocarril como Francisco M. Togno, Ulises Irigoyen, etc.

Algunos nombres se derivan de la geografía. El Divisadero se refiere al mirador donde el tren se detiene para que los pasajeros puedan ver las Barrancas del Cobre. La palabra tarahumara para mirador es *rekuata*.

La Junta fue llamada así desde que los ferrocarriles del Noroeste y el Chihuahua al Pacífico se trazaron para que se unieran en ese punto (Véanse en el texto los significados de otros nombres.).

La Inauguración el 24 de Noviembre, 1961

La inauguración oficial tuvo lugar en Santa Bárbara, cerca de la población de Témoris, donde el tren da una completa vuelta de herradura dentro de un túnel, pasa por debajo de una cascada, y por varios puentes, entre otras características de la vía.

El ingeniero José Eloy Yáñez Bordier, quien asistió a la inauguración por invitación del ingeniero Mariano García Malo, escribió:

> Tuve la suerte de estar en el espacio abierto donde se localiza el asta de la bandera, cerca de la estación. El tren presidencial, en dirección al Sur, arribó, con el último carro de plataforma deteniéndose frente al asta bandera. El presidente López Mateos descendió, y saludó a la bandera nacional, acompañado por los correspondientes honores militares; luego regresó a las vías, donde el ingeniero Lira Arciniega puso en manos del presidente el último tornillo, especialmente preparado para esta ceremonia, con una cabeza de oro. Luego tomó las manijas de la máquina que enrosca los tornillos en los durmientes del ferrocarril, y puso en su lugar al tornillo final, concluyendo simbólicamente la construcción del ferrocarril Chihuahua al Pacífico. Enseguida, el presidente fue con todos sus acompañantes a develar la gran placa monumental.

La enorme placa, hecha de viejos rieles, dice:

> Esta obra fue puesta en operación por Adolfo López Mateos, Presidente Constitucional de la República, en conmemoración del cincuenta aniversario de la Revolución Mexicana.
> La inversión fue hasta 1958, de $390,000,000.00.
> La inversión de 1959 a1961, de $744,000,000.00.
>   Secretaría de Obras Públicas.

Luego, el presidente, dijo:

> "Hoy, 24 de Noviembre de 1961, tengo el honor de entregar al pueblo de México esta obra, que representa el esfuerzo continuo de muchas generaciones, y sobre todo del genio y la capacidad creadora de los mexicanos."

Y el sueño casi imposible, se hizo realidad. El reto de la Sierra Tarahumara había sido vencido.

CHIHUAHUA PACIFIC RAILWAY CO.
Passenger Service.

CONDENSED PASSENGER TRAIN SCHEDULE
EFFECTIVE MAY 15, 1962.

TRAINS SOUTHBOUND TUESDAY AND FRIDAY	TRAINS NORTHBOUND MONDAY AND THURSDAY
0 Ks. Lve 3:00PM OJINAGA	Arr 6:00AM. 921 Ks
268 " Arr 9:00 "CHIHUAHUA Lve 9:30 "	Lve 12:01 " 653 " Arr11:30PM
883 " Arr 2:25 " SAN BLAS Lve 2:35 "	Lve 7:00AM 38 " Arr 6:50 "
921 " Arr 3:30 " LOS MOCHIS LVE 6:00 "	0 "

CHIHUAHUA PACIFIC RAILWAY COMPANY
General Freight and Passenger Agency
TIME TABLE — PASSENGER SERVICE
OJINAGA, CHIH.– LOS MOCHIS, SIN.

MLS	TRAINS SOUTH BOUND (READ DOWN) LEAVE: TUESDAY AND FRIDAY		TRAINS NORTH BOUND (Read Up) ARRIVE: TUESDAY AND FRIDAY		MLS			
0	3:00 PM	OJINAGA	6:00 AM		302	2:27 AM	TERRERO	6:31 PM
19	3:33 "	CHAPO	5:15 "		309	---	SIGOYNA	---
27	3:50 "	LA MULA	4:54 "		313	3:04 "	PICHACHIC	5:55 "
35	---	LAGUNITAS	---		319	3:23 "	ATAROS	5:35 "
46	---	VOLCANES	---		326	3:42 "	TREVIÑO	5:16 "
50	---	VINATAS	---		329	---	TALAYOTES	---
57	4:51 PM	CHILLICOTE	3:48 AM		330	---	PINERIA	---
71	5:18 "	PULPITO	3:14 "		331	3:55 "	SAN JUANITO	5:05 "
80	5:35 "	FALOMIR	2:55 "		336	---	LA LAJA	---
87	5:55 "	PICACHOS	2:37 "		343	4:25 "	BOCOYNA	4:36 "
95	6:15 "	SAN SOSTENES	2:19 "			Arr: 4:45 "	CREEL	Lve: 4:20 "
103	6:36 "	COLONIAS	2:05 "		351	Lve: 5:10 "		Arr: 4:00 "
109	6:49 "	ENCANNTADA	1:52 "		375	6:10 "	PITORREAL	2:50 "
120	7:07 "	MORREON	1:34 "		388	7:00 "	ING.FCO.M.TOGNO	2:15 "
131	7:28 "	TRANCAS	1:14 "		396	Arr: 7:22 "	SAN RAFAEL	Lve: 1:50 "
147	7:57 "	ALDAMA	12:45 "		411	Lve: 7:32 "		Arr: 1:00 "
152	---	CALERA	---		416	8:20 "	CUITECO	12:45 "
158	8:19 "	MULLER	12:26 "		427	8:33 "	BAHUICHIVO	12:09 "
163	8:34 "	TABALAOPA	12:15 "		434	9:09 "	PARAJES	11:45 AM
	Lve: 9:00 "		12:01 "		440	9:35 "	CEROCAHUI	11:20 "
167	ARR:	CHIHUAHUA	Arr: 11:30 PM		449	10:00 "	TEMORIS	10:43 "
	Lve: 9:30 "				458	10:35 "	SEPTENTRION	---
176	9:49 "	FRESNO	11:09 "		465	11:30 "	SANTO NIÑO	9:53 "
183	10:01 "	SALAS	10:55 "		471	11:55 "	JESUS CRUZ	9:33 "
189	10:10 "	PALOMAS	10:46 "		484	12:30 PM	DESCANSO	9:08 "
194	1:22 "	ING. H. VALDEZ	---		492	Arr: 12:48 "	AGUA CALIENTE	Lve 8:55 "
200	10:33 "	ARATZA	10:24 "				LORETO	
203	---	SANTA ISABEL	---		502	Lve: 12:50 "	LA LAGUNA	Arr: 8:52 "
211	10:52 "	BAEZA	10:06 "		511	1:05 "	ING.H.VALDEZ	8:34 "
217	11:06 "	CHAVARRIA	9:52 "		522	1:22 "	EL FUERTE	8:17 "
229	11:36 "	SAN ANDRES	9:23 "		533	1:42 "	NOROTES	7:57 "
233	---	MESA	---			1:59 "		7:40 "
237	11:48 "	BUSTILLOS	9:08 "		549	Arr: 2:30 "	SAN BLAS	Lve: 7:00 "
249	12:06 AM	ANAHUAC	8:51 "		560	Lve: 2:40 "	CONSTANCIA	Arr: 6:50 "
257	12:21 "	CUAUHTEMOC	8:37 "			3:00 "		6:30 "
263	---	CASA COLORADA	---		572	Arr: 3:30 "	LOS MOCHIS	Lve: 6:00 "
265	12:36 "	CIMA	8:21 "		585	3:45 "		Arr: 5:40 "
272	1:05 "	PEDERNALES	---			ARR: 4:10 "	TOPOLOBAMPO	LVE: 5:20 "
281	ARR: 1:05 "	ROSARIO	Lve: 7:55 "			WEDNESDAY AND SATURDAY		MONDAY AND THURSDAY
287	Lve: 1:35 "	LA JUNTA	Arr: 7:25 "					
293	1:47 "	MIÑACA	7:10 "					
296	2:12 "	LA UNION	---					
	---	GONZALEZ	6:45 ↑					

Effective May 15, 1962.

RAIL AND PULLMAN FARES.

	FIRST CLASS	RECLINING SEATCOACH	LOWER BERTH	UPPER BERTH	DRAWING ROOM	COMPARTMENT
OJINAGA TO SAN BLAS...	$ 8.91	$ 9.97	$ 4.23	$ 3.38	$ 16.06	$ 11.83
OJINAGA TO LOS MOCHIS...	$ 9.32	$ 10.42	$ 4.42	$ 3.54	$ 16.78	$ 12.37
CHIHUAHUA TO SAN BLAS......	$ 6.23	$ 6.97	$ 2.96	$ 2.36	$ 11.22	$ 8.27
CHIHUAHUA TO LOS MOCHIS..	$ 6:64	$ 7.42	$ 3:15	$ 2.52	$ 11.95	$ 8.81

Note: (1).-All Trains run on Mexico's "Hora del Centro", which is the same as Central Standard Time in the United States.
(2).-To Occupy Pullman accommodations, the purchase of First Class Ticket is required. Minimums: Compartment - 2 ½ First Class Tickets
                                     Drawing Room- 3 First Class Tickets.
(3).-Equipment: Sleeper - 10 Sections, 2 Compartments, 1 Drawing Room.
             Dining Car - (between Ojinaga and Los Mochis).
             Reclining Seats Coach - (between Ojinaga and Los Mochis).
(4).-Railroad Tickets and Pullman Fares are quoted in U.S.Cy. at $12.50 Rate of exchange.
(5).-No responsibility is assumed for errors in this Time Table, inconvenience or damage resulting from delayed trains or failure to make - connections.
(6).-Schedules and rates herein are subject to change without notice.

5.5 y 5.6. Horario del ferrocarril Chihuahua al Pacífico, costo de los pasajes, y lista de puentes y túneles, del año 1962.

LIST OF BRIDGES AND TUNNELS EXISTING IN THE MOUNTAIN REGION OF THE TRUNK LINE OJINAGA-TOPOLOBAMPO

TUNNELS	BRIDGES	KILOMETER POST	LENGTH IN FEET	TUNNELS	BRIDGES	KILOMETER POST	LENGHT IN FEET	GENERAL INFORMATION
		345	380	38		693	1103	For Mexico travel you will need proof of citizenship (poll tax receipt of birth certificate, Etc.)
1		345	411		VIADUCTO UNO	695	134	
2 "BOCOYNA"		556	1011			695	423	
		563	4134	39		696	173	A valid vaccination certificate (less than Three years).
4 "CONTINENTAL"		591	128		CEROCAHUI	967	1471	
5		593	130		SEPTENTRION	698	315	
6		593	94	40 "CEROCAHUI"		701	2549	Mexico Visitors Permit, secured from Mexican – Consular Office, or at the border Mexico Immigration Office.
7		600	160	41		702	394	
8		601	205	42		702	154	
9		606	622		LA PAPA	702	453	
10		609	366	43		702	659	Mexican Customs Inspector checks baggage at the railroad depot.
11		619	415	44		703	2680	
12		623	377	45		704	131	
13		633	182	46		704	131	Cars may be parked at lots in Presidio, or at the depot parking lot at Ojinaga.
14		633	391		EL OSO	704	459	
15		639	311	47		706	3058	
16		639	1526	48 "LA PERA"		708	265	Your personal auto may be shipped by rail to Chihuahua or Los Mochis, through arrangement with railroad freight office at Chihuahua, Chih. With notice at least 15 days before your departure.
17		640	696		TEMORIS	708	714	
18 LA LAJA		641	1142		STA. BARBARA	711	262	
19		650	367	49		711	869	
	LA MORA	651	458	50		711	350	
20		651	807		MINA PLATA	714	325	
	SEHUERAVO	652	432	51		714	262	Cost of shipping your car:
21		652	568	52		714	148	Less Car Load Rate
22		653	331		EL TIGRE	714	144	From Ojinaga to Los Mochis...$43.80 for each 1,000 Kgs. With a minimum charge of $65.73 US.Cy.
23		654	705	53		715	400	
24		655	587	54		715	151	
25		655	322	55		716	151	Less Car Load Rate
	NOVOCHIC	656	391	56		716	387	From Chihuahua to Los Mochis $34.17 for each 1,000 Kgs. With a minimum charge of $51.25US.Cy.
26		656	673	57		717	144	
27		656	531	58		717	518	
	ROCOHUAINA	657	499	59		717	270	Automobile shipments are handled on our Freight trains.
28		657	387		EL CARNERO	718	886	
	MACHAGACHIC	661	517	60		718	443	
	CUITECO UNO	663	210	61		719	640	Special tours can be arranged at Los Mochis and Topolobampo. Taxis. Taxi buses and buses are available.
29		663	242	62		720	338	
30		663	404		GALINDRO	724	118	
31		664	246	63		724	131	
32		664	221	64		725	171	Fishing, either bottom or deep sea, is superb in waters off the coast or the Gulf of California. Arrangements can be made for charter of cruisers or outboard fishing boats at your hotel or at one of the numerous docks.
	BAHUICHIVO	670	222	65		726	197	
33		683	281	66		726	259	
34		684	259	67		726	167	
	LAS ESTRELLAS	684	103	68		728	123	
	SANTIAGO	687	169		TINAJA	731	180	
	RIO PLATA	688	272		SAN PABLO			Diesel-powered equipment will carry you across breath-taking scenery: desert, canyons, mountains and the seaside.
35		692	2639	69 "TOPOLOBAMPO"		740	820	
36		693	636	70		741	197	
37		693	237		LA CASCADA	745	662	
					CHINIPAS	749	955	For reservations write or phone to: F.J. SAENZ C. GENERAL FREIGHT AND PASSENGER AGENT P.O.Box 46 CHIHUAHUA, CHIH. MEXICO. TELEPHONE: CHIHUAHUA 2-22-84
				71		754	266	
				72		755	361	
				73 "EL DESCANSO"		756	5928	
					EL FUERTE	781	1638	

La Inauguración

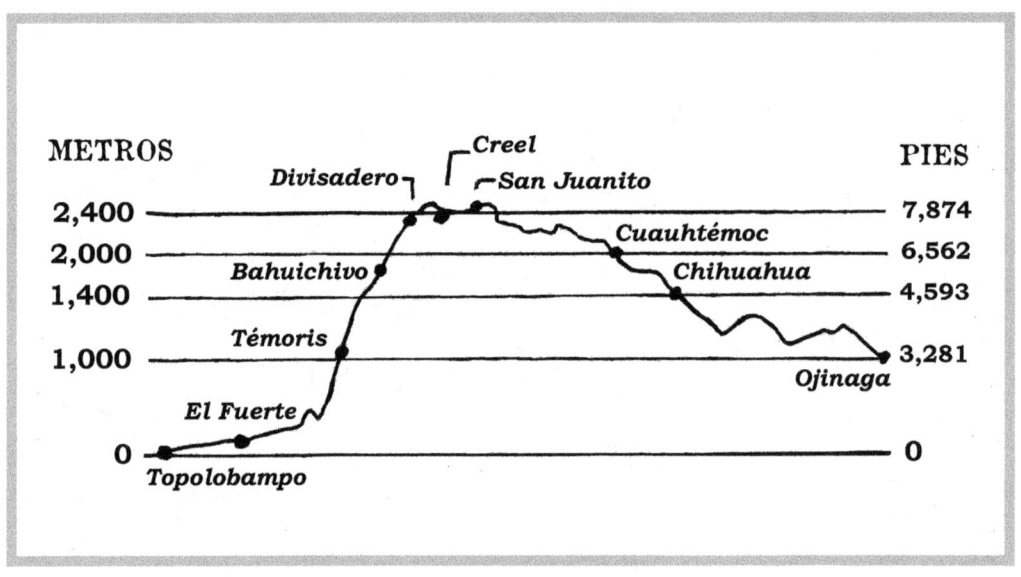

5.7. Perfil del reto de la Sierra Tarahumara en términos de altitud. De la Ciudad de Chihuahua a El Fuerte son 571.3 km (355 millas). De Ojinaga a Topolobampo son 941.5 km (585 millas).

5.8. CRUZA LA DIVISIÓN CONTINENTAL. Este túnel eliminará pendientes y curvas. Tendrá unos 168 metros y costará $160,000 [dólares]; está ubicado cerca de la División Continental, entre San Juanito y Creel, Chih. Otro túnel más largo está planeado para Aguatos, al oeste de este sitio (foto por Glenn Burgess, 1955).

Después de la Construcción
artículos de prensa por Glenn Burgess con notas de Don Burgess

6.1. Carros Fiat con sus propias máquinas diesel (Autovías) han sido utilizados para transporte de pasajeros por más de diez años. Esta fotografía fue tomada en El Divisadero: El tarahumar a la extrema derecha, Jesús López, y Don, habían terminado una caminata de 12 días estudiando la lengua de la Baja Tarahumara y estaban tomando el tren de regreso a Creel (foto de Don Burgess, c.1963).

Accidentes y Retos a las Operaciones

La operación del ferrocarril Chihuahua al Pacífico no ha transcurrido sin sus propios problemas. Incluso cuando el tren inaugural hizo el primer viaje, hubo un derrumbe que rompió algunas ventanas, y uno de los carros se saltó de las vías cuando el maquinista tuvo que aplicar los frenos de pronto para evitar atropellar a unos trabajadores (Flynn).

Los derrumbes durante las temporadas de lluvias son un problema común. En algunos lugares, túneles de cemento tuvieron que construirse para que las rocas que rueden pasen por encima. También se han dado alcances de trenes, como el de 1976, donde 24 personas murieron cuando un tren de pasajeros chocó con un tren de carga que estaba saliendo de un túnel al oeste de Creel.

Un accidente que impresionó mucho a los habitantes de San Rafael fue en los primeros años 90, cuando un carro del ferrocarril se soltó y empezó a rodar hacia atrás. Se estrelló contra un carro tanque lleno de diesel. Hubo una enorme explosión que envió diesel encendido rociando hacia abajo de una loma y por encima de un patio de almacenamiento de madera. Un hombre murió y la oficina y el taller de la compañía maderera se quemaron. La gente empezó a saltar a las camionetas y camiones para salir del pueblo; y a un par de kilómetros, ya lejos, salieron corriendo hacia las montañas.

Hubo luego un robo al tren en 1998, al estilo de los asaltos del Viejo Oeste norteamericano, en el que un turista suizo fue baleado y muerto cuando trató de tomar fotografías del asalto. Más recientemente, algunos maquinistas del tren se quejaron de que en ocasiones los trenes habían sido detenidos y obligados a transportar drogas.

El gerente de una de las estaciones del ferrocarril, Leopoldo Méndez, me contó de un accidente que sucedió cerca de San Rafael: Dijo que un carro plataforma se desconectó del tren y empezó a rodar loma abajo. Un trabajador del tren trató de aplicar el freno, pero no logró hacerlo, y saltó del carro en lo que cobraba más velocidad. En sentido contrario venía una cuadrilla de trabajadores en una pequeña góndola (armón). Cuando vieron venir el carro, saltaron hacia un lado y el carro plataforma se estrelló contra la góndola. Una barra de hierro utilizada para escarbar saltó por los aires y fue a atravesar a uno de los obreros en el estómago. El gerente de la estación fue llamado y fue quien tuvo que sacar la barra del hombre, que pronto murió.

El Reto de la Sierra Tarahumara

The El Paso Times

– Domingo, 27 de Enero, 1963

Patrones Del Turismo - Patrones Pensados Justamente - Había Que Cambiar

El Ferrocarril Chihuahua al Pacífico es Ahora una Sorprendente Realidad: El Impacto Económico se Sentirá Gradualmente en el Área de El Paso

Por Glenn Burgess
    Corresponsal de Times[1]

El ferrocarril Chihuahua al Pacífico, hijo legítimo del viejo Kansas City, México y Oriente es ahora una sorprendente realidad, aunque su efecto económico sobre la ciudad de Chihuahua, El Paso, Presidio y Ojinaga, así como en otras ciudades de México y los Estados Unidos, será gradual.

El comercio, el turismo, y aún los patrones de pensamiento, han sido construidos por un centenar de años, y fueron diseñados para evitar la poderosa Sierra Madre Occidental, que ha separado siempre las regiones costeras de Sonora, Sinaloa y Nayarit de Chihuahua, Durango y Zacatecas.

El ferrocarril corta las cadenas montañosas que han separado a estos seis estados. La distancia original de norte a sur, sin el beneficio del transporte por rieles, desde Nogales, Arizona, a la gran ciudad de Guadalajara, es aproximadamente de 1,448 kilómetros (900 millas). No había una forma económica de transportar productos de las fértiles tierras costeras de Sinaloa, en los alrededores de Los Mochis, a Chihuahua. La nueva carretera escénica terminada recientemente entre Durango y el puerto marino de Mazatlán ayudó, pero su terminal occidental está muy lejos al Sur de Los Mochis, como para ser de gran beneficio comercial para Chihuahua. El muy bien diseñado Chihuahua al Pacífico, en su primer año de operaciones está mostrando que ha abierto la puerta a la rica región agrícola de Sinaloa, y que productos de Chihuahua, es-

---

[1] Estos últimos artículos fueron escritos después de que Glenn trabajó en una tesis de maestría sobre la historia del ferrocarril en el New Mexico Western College en Silver City, NM (Julio 1962), e incluye información que los primeros artículos no tenían.

6.2. Tarahumares a las puertas del palacio de gobierno estatal en la ciudad de Chihuahua (foto de Glenn Burgess, 1955).

pecialmente algodón de Ciudad Juárez, Ojinaga y Ciudad Delicias, pueden ser transportados al puerto marítimo de Mazatlán y, una vez que sea desarrollado, al puerto de Topolobampo, a 19 kilómetros (12 millas) de Los Mochis. La gente del suroeste de Texas, del sur de Nuevo México, Chihuahua y Sinaloa, están empezando a darse cuenta de que tienen ahora una de las rutas ferroviarias de panoramas más notables de América.

El movimiento de bienes ha sido de norte a sur por muchos años, y los mercados para estos productos han sido establecidos geográficamente como resultado. El movimiento de turistas ha seguido el mismo patrón direccional. Ambos patrones cambiarán lentamente.

PRIMER EFECTO

El primer efecto en Chihuahua ha sido la aparición en los mercados de la ciudad de Chihuahua, y de Ciudad Juárez en un menor grado, de vegetales y frutas de Sinaloa. Chihuahua está ahora a sólo 18 horas de Los Mochis para el movimiento de carga. Ciudad Juárez y El Paso están a menos de 30 horas de distancia. El azúcar de Los Mochis es una de las cargas principales que se mueven rumbo al este, tanto como el trigo y alimentos para ganado. El algodón es la carga principal rumbo al oeste.

Después de la inauguración del ferrocarril a finales de Noviembre de 1961, personas de ambas naciones que han estado siguiendo el desarrollo de la construcción, que costó al gobierno mexicano $1,104,600,000 millones de pesos ($88,368,000 dólares a un tipo de cambio de $12.50 por dólar), desean hacer el viaje. Turistas de El Paso y el Sur de Nuevo México con frecuencia manejan a la ciudad de Chihuahua para pasar unos días en ella. Otros, vienen en el tren desde Presidio y Ojinaga. Algunos de ellos se detienen en Chihuahua. Pero también hay un creciente número de personas que vienen de la terminal de Los Mochis. La mayoría son turistas que descubren el ferrocarril después de manejar desde California y Arizona. Luego, por supuesto, hay mucha gente de Chihuahua y Sinaloa que quieren ver el campo y maravillarse de las hazañas de la ingeniería creadas por sus propios ingenieros.

Sin embargo, el incremento mensual de pasajeros no ha mantenido el paso junto con el aumento de la carga y el express.

El hecho de que la ciudad de Chihuahua tiene ahora un ferrocarril transcontinental de este a oeste cruzando la línea férrea Norte-Sur desde Ciudad Juárez

6.3. El Lic. Roberto Balderrama Gómez en el Hotel Santa Anita en Los Mochis, que abrió en 1958. Después construyó hoteles a lo largo del ferrocarril, en El Fuerte (Posada Hidalgo, en 1968), Cerocahui (Hotel Misión, en 1976), Cuiteco (Hotel Cuiteco, en 1977), y Areponápuchi (Hotel Mirador, en 1992) (foto de Glenn Burgess, c.1960).

6.4. La tienda "Casa Pérez y Hermanos, S.A." en San Juanito. A la izquierda, está Ramón Grijalva; junto a él, Jorge Togno. El segundo desde la derecha era llamado el señor Meno (según los identificó Carlos Jaime). Hoy en día, Abarrotes Mendoza está ubicado en el mismo lugar (foto de Glenn Burgess,1955).

hasta la ciudad de México, está determinado a ser otro más de los factores de estabilización del rápido crecimiento de la ciudad de Chihuahua. La ciudad misma tiene ahora alrededor de 200,000 habitantes. Este año de 1963, será un próspero año. De acuerdo a Cipriano Ortega, gerente general del Banco Comercial Mexicano, buenas lluvias durante el fin del verano, el otoño, y en Diciembre, han puesto a la industria ganadera en buena forma; parece haber abundancia de empleos, y los hombres de negocios tienen confianza en el futuro de la ciudad, como es evidente, en tanto que un banco de la competencia ha erigido un edificio de 22 pisos directamente al otro lado de la plaza principal, frente al muy buen edificio del banco del señor Ortega. El banquero cree que el nuevo ferrocarril ayudará a Chihuahua en muchas formas, y que este apoyo económico crecerá como bola de nieve en tanto que se den desarrollos a lo largo de la ruta y nuevas formas de intercambio emerjan. Él también apunta al hecho de que nuevos proyectos de sistemas de riego agrícolas están siendo desarrollados en Sinaloa y nuevos productos de esa área encontrarán mercados en Chihuahua, El Paso, y la región central del continente de los Estados Unidos.

Quizá los efectos no han sido tan grandes como el promotor del ferrocarril, A.E. Stilwell, predijo cuando inició el Kansas City, México y Oriente en 1900; o como pensó el socialista Albert Kimsey Owen, quien llegó a Sinaloa en 1871 y decidió que Topolobampo y Los Mochis eran un buen lugar para fundar una "Utopia" moderna que necesitaría un ferrocarril a los Estados Unidos; o aún el coronel Confederado de la Guerra Civil norteamericana, James Reily, quien viajó a caballo desde El Paso en Enero de 1862 para tratar de convencer al gobernador Luis Terrazas de que el estado de Chihuahua estaría mejor si se uniera a la Confederación. El 26 de Enero de 1862, el coronel Reily escribió: "Chihuahua es un rico y glorioso vecino y mejorará al estar bajo la bandera Confederada. No hay minas en el mundo como las que están a la vista desde la ciudad de Chihuahua. Tenemos que tener a Chihuahua y Sonora: por un ferrocarril a Guaymas daremos a nuestro gran estado de Texas la gran carretera de las naciones."

El sueño de Reily de una unión política con Chihuahua nunca se llevó al cabo, y el ferrocarril falló en llegar a Guaymas por 352 kilómetros (219 millas); pero, de acuerdo a Abel Prince, asistente del gerente general del nuevo Chihuahua al Pacífico, y quien tiene detrás 52 años de experiencia en ferrocarriles, la línea está desarrollando las regiones apartadas de la Sierra Madre, y está actuando como una nueva conexión comercial entre las llanuras costeras y la meseta del norte de México, alcanzando las expectativas de Francisco Togno, quien completó los proyectos de ingeniería del ferrocarril, y de los funcionarios del gobierno mexicano que reunieron el dinero para la construcción final y rehabilitación de las primeras vías.

F.J. Sáenz, director del Departamento de Tránsito, también un veterano ferrocarrilero, señala con orgullo el desarrollo del movimiento de carga y pasajeros: En Enero de 1962, 3,603 toneladas de carga, 56,552 kilogramos de paquetería express, y 3,579 pasajeros fueron movidos a través de las montañas. En Noviembre, hubo 22,774 toneladas de carga y 391,585 kilogramos de express. También, 5,934 pasajeros cruzaron en Agosto, pero el número disminuyó de alguna forma en los meses del otoño.

Sáenz predice que el movimiento desde Sinaloa, el sur de Sonora, y el puerto de Topolobampo, se convertirá en el futuro en un importante desarrollo con la región continental central de los Estados Unidos, y señala que hay dos rutas equidistantes desde San Blas, Sinaloa, a Kansas City. San Blas está al este de Los Mochis y en la junta del ferrocarril costero de Norte a Sur y el Chihuahua al Pacífico. Por Presidio, Texas, la distancia es de 2,663 kilómetros (1,655 millas). Por El Paso vía Santa Fe a Kansas City, la distancia es prácticamente la misma. Por El Paso, sobre el Southern Pacific, la ruta es de 2,607 kilómetros (1,620 millas). La distancia desde Kansas City, vía Nogales, es de 3,315 kilómetros (2,060 millas). El Paso vía Nogales es de 1,788 km (1,111 millas) por riel desde San Blas. Desde El Paso a San Blas vía Casas Grandes, Madera y La Junta, la distancia es de solo 1,080 km (671 millas). De acuerdo a los razonamientos de Sáenz, El Paso es la primera gran ciudad de los Estados Unidos que tiene una buena oportunidad de beneficiarse de la terminación del ferrocarril Chihuahua al Pacífico. La nueva ruta ofrece todavía a la región de Kansas City un puerto del Pacífico ¡644 km (400 millas) más cerca que cualquiera de los puertos de los Estados Unidos en el Pacífico!

Los turistas muy pronto viajarán desde Chihuahua, y posiblemente Ojinaga, a Los Mochis y Topolobampo, en un moderno tren de pasajeros aerodinámico hecho en Italia.[2] Desde la ciudad de Chihuahua a Los Mochis, será un viaje durante todo el día, en 12 horas, en vez de las 16 horas promedio del viaje en la actualidad. Parte de los equipos ha llegado ya a Chihuahua.

Finalmente, proyectando su confianza en el negocio turístico en la Sierra Madre, el 15 de Enero está programado el inicio de un nuevo proyecto de hotel-motel, que costará $25 millones de pesos, en el punto donde el ferrocarril Chihuahua al Pacífico toca la Barranca del Cobre. El proyecto, financiado por Colonizadora del Divisadero Barrancas, S.A., una corporación mexicana, incluye servicios para convenciones de 500 personas, departamentos, teléfonos de larga distancia, alberca, y todos sus accesorios. Será el centro de todos los viajes a lugares de la Sierra Madre y el territorio de 1,600 kilómetros (1,000 millas) de las barrancas.[3] Éste es sólo un ejemplo del efecto económico del nuevo ferrocarril en los profundos cañones de la Barranca del Cobre.

---
2 Eran carros Fiat independientes, con sus propios motores, conocidos como Autovías. Después de 1986, no fueron usados.

3 Las operaciones del Hotel Divisadero Barrancas construido por el ingeniero Efraín Sandoval Loera, iniciaron en 1973. Actualmente es operado por su propietaria, su hija Yvonne Sandoval Almeida.

6.5. Puente construido en cemento armado a la entrada del túnel, río abajo de Cuiteco (foto de Don Burgess, 2011).

6.6. El Lazo en uso: Mi Travel-All International, con mi familia y bienes, montada en un carro plataforma, enseguida del cabús, saliendo de El Lazo (foto de Don Burgess, c.1970).

Desarrollos Para Apoyar al Turismo

Un desarrollo del turismo fueron los grupos "piggy-back", patrocinados por Adventure Caravans y otras varias compañías: los viajeros ponen sus camionetas y campers en carros plataforma, para viajar en el tren a través de las montañas. Al llegar a Los Mochis, desembarcan y se van por carretera a Nogales o a Mazatlán, o toman un ferry hacia Baja California.

En los primeros años 70, en varias ocasiones puse mi Travel-All International en el tren, para evitar el difícil camino entre La Junta y San Rafael. La primera vez que lo hice, supuse que el tren tendría cadenas, y lo que fuera necesario, para asegurar el vehículo a la plataforma. Pero me equivoqué, y no tenía nada conmigo que sirviera para el propósito: Busqué por los alrededores y sólo encontré unos trozos de alambre. El vehículo oscilaba bastante cuando el tren se detenía o arrancaba, y dos trabajadores del ferrocarril que llegaron, moviendo sus cabezas, dijeron que habían pensado desde el principio que la camioneta no se iba a mantener sobre el tren. En cierto momento, salté del tren y conseguí dos durmientes, que puse al frente y atrás, pero igualmente no estaban amarrados o fijados a la plataforma. Mantuve mi pie sobre el pedal de los frenos durante todo el viaje; y finalmente logramos llegar. Yo llevaba a mi familia y casi todo lo que tenía en aquel vehículo.

Otro desarrollo fue el Express Sierra Madre, que tenía cinco carros de ferrocarril clásicos, de los años 40 y 50 (incluido un carro comedor-mirador, con domo de cristal para observación), que conducía grupos desde Nogales, México, a la zona tarahumara. Es una pena que Arthur Stilwell nunca pudiera llevar su carro privado, con todo y el órgano que solía tocar, a través de las montañas: Puedo imaginarlo reuniendo a la tripulación del tren para la observancia del Sabbath (Véase a Kerr, p.72).

The El Paso Times

– Domingo, 3 de Febrero, 1963

Montañas, Túneles, Cañones: un Impresionante y Espectacular Panorama le da un Notable Impulso al Viaje en el Tren del Chihuahua al Pacífico

Por Glenn Burgess
   Corresponsal del Times

Muy al alcance cercano de la gente del suroeste de los Estados Unidos, está uno de los más escénicos y científicamente diseñados ferrocarriles de América. El ferrocarril Chihuahua al Pacífico no asciende a más de 2,591 metros sobre el nivel del mar (8,500 pies), pero la grandeza escénica de la región de las barrancas entre la ciudad de Chihuahua y el golfo de California es ciertamente muy diferente a todo lo que se puede encontrar en cualquier otro ferrocarril en América. Para muchos pasajeros, la ruta es todavía más interesante y panorámica.

Terminado como una necesidad económica, el ferrocarril corta a través de la barrera de enormes cortes en cañones, formados en la Sierra Madre, que se extiende 1,448 kilómetros (900 millas), de Douglas, Arizona a la segunda ciudad más grande de México, Guadalajara. Esta región de bosques de pino ya no separa más a los ricos estados agrícolas de Sonora, Sinaloa, y Nayarit de Chihuahua, Durango, y Zacatecas. Los últimos 251 kilómetros (156 millas) aunque costaron $1,075 millones de pesos ($86 millones de dólares), están en una región rica en minerales, maderas, y una potencial meca del turismo.

El Chihuahua al Pacífico se inició en 1900 como el Kansas City, México y Oriente, y no solo une e integra al norte de México, sino que cumple el sueño original de los primeros promotores, que vieron un puerto en el Pacífico 644 kilómetros (400 millas) más cerca de Kansas City que cualquier otro puerto en el mismo océano en los Estados Unidos, y quienes predijeron que el centro continental de los Estados Unidos tendría necesidad de los productos de la "Canasta Alimenticia" de México. En tanto que el ferrocarril está logrando todas estas hazañas, atraerá muchos nuevos dólares del turismo para ayudar a equilibrar el presupuesto nacional de México.

6.7. Cascada de Basaseáchi, de 246 metros (807 pies) de altura. En una ocasión, justo en la parte más alta de la cascada, cuando Glenn estaba cruzando sobre una separación entre peñas donde el agua ha cortado la roca, resbaló y cayó, rompiendo un tobillo, estando a unos centímetros de caer al agua, cuya corriente lo habría arrastrado hace abajo por la cascada (foto de Don Burgess, c.1980).

6.8. Desde 1907 hasta 1961, Creel fue la terminal al oeste del ferrocarril (foto de Glenn Burgess, 1960).

El primer gran efecto económico que se sintió parece ser el de la transportación de bienes y personas entre los estados de Chihuahua y Sinaloa. Los recursos en madera y minerales entre Creel y El Fuerte, terminales de la última sección de 251 kilómetros (156 millas), terminada en 1961, están todavía latentes. Sin embargo, hay pocas dudas de que los aserraderos y las minas se desarrollarán pronto gracias a la ahora disponible transportación por rieles. De ser adecuadamente promovido y desarrollado, el potencial turístico es casi ilimitado: Los miles de kilómetros cuadrados de barrancas (comparables al Gran Cañón del Colorado), los muchos torrentes en las montañas, las altas cascadas (de hasta 274 metros (900 pies)[1]), la variedad de climas desde lo semitropical hasta el de alta montaña, y los tarahumares, atraerán tanto a los turistas mexicanos como a los norteamericanos. El propuesto hotel de 34 millones de pesos para ser construido

---
1 La altura de la cascada de Basaseáchi, de acuerdo al Dr. Schmidt, es de 246 metros (807 pies): Con un equipo de trabajo la midieron con un cable de acero que no se estira y el más moderno equipo de prospección.

6.9. FRENTE A LA DIVISIÓN. Esta capilla, con su gran estatua de Cristo, llamada Cristo Rey, mira hacia la División Continental y por encima del valle de Creel (foto de Glenn Burgess, 1960). [La estatua fue luego remplazada, cuando un rayo le cayó encima y le cortó un brazo.]

en el punto en que el Chihuahua al Pacífico toca la fantástica Barranca del Cobre, es la mejor y tangible evidencia de que los negocios turísticos estarán en movimiento.

LOS PUEBLOS QUE FLORECIERON, AHORA SUFREN

En la actualidad, los pequeños poblados a lo largo del sector de las vías entre Creel y El Fuerte, están sufriendo los efectos de la vuelta a su vida normal, después de que tuvieron un auge por la construcción del ferrocarril. Gran parte de los $1,100 millones de pesos ($88 millones de dólares) para la construcción se fueron al pago de trabajadores. Sesenta y seis ingenieros mexicanos y 9,300 trabajadores construyeron el ferrocarril a lo largo del período de construcción que se inició en 1940, y que aumentó su intensidad hasta los años finales de 1959 a 1961, cuando las dos compañías constructoras estaban empleando en cierto momento a más de 6,000 hombres; en ese período, el gobierno gastó $712.5 millones de pesos ($57 millones de dólares). Creel, justo sobre la División Continental, un pequeño poblado de 1,200 personas, ¡tenía una población flotante de 3,000! Hay poca sorpresa en el hecho de que ahora se ve un tanto triste. En la misma proporción ha sucedido a los demás poblados. Estas villas tendrán que esperar por el desarrollo de los caminos de conexión y de los proyectos locales de explotación de los bosques, las minas, la agricultura, y el turismo.

Los estados de Durango, Sinaloa, y Chihuahua tienen 46.4 por ciento de los bosques maderables de México, y las montañas de Chihuahua, atravesadas por las nuevas líneas, tienen el 51 por ciento de las reservas de pino, pinabete, y abeto rojo del país. La producción de productos forestales en Chihuahua durante 1960 alcanzó los $150 millones de pesos ($12 millones de dólares) y el cinturón de pinos de la sierra se extiende muchos kilómetros al suroeste de la antigua terminal del ferrocarril en Creel.

La mayor parte de las tierras de la sierra a lo largo del nuevo ferrocarril son o pueden ser pastoreadas con ganado. La nueva línea ahorrará muchos tortuosos kilómetros de acarreo del ganado y abrirá nuevas áreas donde antes era imposible vender el ganado local. Sonora, Sinaloa, y Chihuahua producen ahora 13.2 por ciento del ganado en México. La producción anual de los tres estados alcanza los $850 millones de pesos ($68 millones de dólares).

El potencial minero de producción del área atravesada por la línea no está todavía cuantificado. Sin embargo, las historias de operaciones fabulosas que se cerraron durante el período de la revolución en lugares como Batopilas, Chínipas, Urique, La Bufa, y muchos otros, no pueden ser solo rumores fantásticos.[2] Los minerales conocidos en la región son plomo, zinc, mercurio, y especialmente cobre; éste último abunda en depósitos de plomo y zinc que se dice están cerca de la nueva línea en Chihuahua. La presente producción de minerales en Chihuahua, Sonora, y Sinaloa llega a los $1,125 millones de pesos ($90 millones de dólares) anuales. Los 251 kilómetros del nuevo ferrocarril corren a través del corazón de esta fabulosa región minera.

DIVERSAS FUNCIONES

El ferrocarril tendrá varias funciones en el desarrollo de los negocios turísticos. En primer lugar, la belleza escénica de los cañones, las montañas, ríos, y cascadas atraerá a muchas personas. Algunos sólo querrán viajar en el tren y ver todo por la ventana, desde su asiento. Tan solo esto, valdrá el costo, el tiempo y el esfuerzo de hacer el viaje. La Barranca del Cobre y el cañón Septentrión son las estrellas del recorrido. Otros, querrán detenerse en la región, para explorar las barrancas, o para disfrutar de los climas del verano o del invierno de los escenarios naturales. La cacería, la pesca, y cortos paseos en avión sobre las barrancas serán otras atracciones adicionales. Algunas otras personas estarán interesadas en conocer a los tarahumares y unos cuantos tendrán la voluntad de visitar a esa gente en sus hogares en las barrancas. Una vez más, hay que decir que toda la gente que ha tomado a los ferrocarriles como su afición, encontrarán que esta sección de 251 kilómetros (165 millas) entre Creel y El Fuerte, tendrá prácticamente todo lo imaginable en la ingeniería moderna de ferrocarriles. Finalmente, el nuevo ferrocarril se está convirtiendo en una nueva ruta para los pescadores de aguas profundas de Texas y Nuevo México.

Los turistas que abordan la línea en Ojinaga, al otro lado del río Bravo y Presidio, pasan por tierras semiáridas, atravesadas por cadenas montañosas de riolita o "cantera". Esta sección de 251 km (156 millas) a la ciudad de Chihuahua es muy típica de la mesa central mexicana y es parte del Desierto Chihuahuense. Saliendo de Chihuahua, la vía asciende rápidamente y pasa por tierras similares a las de Silver City, Nuevo México, o Alpine y Marfa, Texas. Ciento tres kiló-

---

[2] Una de las minas de oro más grandes de Chihuahua, El Sauzal, está localizada ahora no muy lejos de donde el río Urique se une al río San Ignacio.

metros (64 millas) al oeste de la ciudad de Chihuahua, la vía cruza una cordillera de 2,378 metros sobre el nivel del mar (7,800 pies), y luego desciende en el ancho valle que contiene a Celulosa de Chihuahua, una procesadora de celulosa de pino para papel; y Cuauhtémoc, la población más grande entre la ciudad de Chihuahua y el estado de Sinaloa. Las prósperas colonias de granjas en tierras áridas de los menonitas han edificado a Cuauhtémoc.[3]

Pronto, luego de dejar Cuauhtémoc, el tren pasa sobre la División Continental, un punto que no es demasiado impresionante en cuanto a panoramas escénicos.[4] Luego pasa por La Junta, donde otro segmento del Chihuahua al Pacífico gira hacia el norte, por Madera y Casas Grandes, en su camino a Ciudad Juárez. Unos cuantos kilómetros al oeste de La Junta se encuentra el viejo pueblo minero de Miñaca, alguna vez tan turbulento como Cripple Creek, pero ahora casi desierto.[5] Justo a 40 kilómetros (25 millas) al oeste de Miñaca y 233 kilóme-tros (145 millas) de Chihuahua, empieza el cinturón de pinos de la Sierra Madre. Unos cuantos kilómetros más adelante, el ferrocarril cruza otra vez la División Continental, hacia los principios del río Conchos que se une al río Bravo en Presidio. En esta ocasión la vista es más interesante y está el pintoresco pueblo de San Juanito, un centro maderero.

LARGO TÚNEL

Antes de llegar a Creel, el ferrocarril va otra vez al lado del Pacífico de la División Continental, pero esta vez entra en ella por un túnel de 1,260 metros de longitud (4,313 pies).[6] Tres kilómetros más adelante (dos millas), el tren se detiene en Creel, que desde 1907 hasta 1961 fue la estación terminal del oeste del segmento de la línea Chihuahua-Creel, del proyecto ferroviario. Veintinueve kilómetros (18 millas) más hacia el oeste, la línea alcanza su más alta elevación, 2,591 metros (8,500 pies) sobre el nivel del mar. Desde este

---

3 Hoy en día la mayor parte de los cultivos se hacen con riego.

4 Este lugar es llamado Mal Paso, y fue el escenario de una de las primeras batallas de la revolución mexicana de 1910. Pascual Orozco, general de Pancho Villa, colocó a sus hombres en una cumbre mirando hacia el ferrocarril, detuvo al tren, que venía lleno de soldados federales, y procedió a soltar una mortal ráfaga de fuego de fusilería.

5 Glenn debe haber querido referirse a la comunidad minera de Cusihuiriachi.

6 Por el año de 1984, el gran peso de un alto pino fue haciendo que se hundiera hacia el interior del túnel. La gente del ferrocarril, de pronto se encontró frente a un árbol asentado justo en medio de los rieles, dentro del túnel. Un amigo tarahumara, Marcos Mancinas, me llevó al lugar donde dijo que había visto el pino que se hundió.

6.10. La base de una carreta en Miñaca (foto de Don Burgess, c.1970); **6.11.** Cerro de Miñaca (foto de Don Burgess, 2012).

Miñaca

El pueblo de Miñaca, ubicado en el lado lejano de la montaña en la foto, se desarrolló como población por el ferrocarril, en los primeros años de 1900. Fue uno de los principales campamentos de la expedición militar de Pershing que buscaba a Pancho Villa (Véase *Chasing Villa* por Col. Frank Tompkins, Capítulo 28). La base de una carreta de carga de la expedición se ve en la foto. Uno de los cubos de rueda dice: Kentucky Wagon Co., Louisville, Ky.; otro, International Harvester Co., Chicago, Ill.; y un tercero tiene escrito Winnona, Minn. Esa carreta está ahora en el Parque Estatal Pancho Villa en Columbus, Nuevo México.

En cierto momento, Miñaca iba a ser la unión de la línea con el ferrocarril del Noroeste, pero la política, dice la gente local, hizo que la pusieran en La Junta. El nombre Miñaca quizá viene de la palabra tarahumara para león de montaña (*mawiyá*). La cercana montaña parece un león asentado. Otra posibilidad es que la palabra esté construida con expresiones locativas como '*mi* (allí) y *na* (lugar). Los tarahumares con frecuencia utilizan expresiones de las características de un lugar en sus locativos y nombres de lugares, y el cerro de Miñaca, o cerro de la Campana, como algunos lo llaman, está en medio de una amplia zona plana y puede ser visto desde lejanas distancias. Cuando estos nombres indígenas son muy antiguos, la pronunciación cambia y los nombres originales y significados son difíciles de ser identificados.

punto hacia atrás, a Miñaca, el terreno es de baja montaña, con hermosos bosques de pino ponderosa, encino, y aún algunos alamillos y pinabetes. Hay unos cuantos arroyos, algunas cuevas en la ceniza volcánica donde los tarahumares viven en el verano, y pequeñas siembras de maíz donde, en el verano, las yuntas de bueyes son todavía utilizadas; y en el invierno, gruesas capas de nieve pueden cubrir el suelo.

A partir del punto alto al oeste de Creel, las cosas empiezan a suceder rápidamente en el escenario: Profundos cañones empiezan a abrirse a cada lado de la vía, los túneles se hacen más frecuentes, el tren gira y da vueltas para poder moverse alrededor de las montañas: en una ocasión hace un lazo completo y cruza encima de su misma vía, sobre un puente de piedra, donde, en la parte inferior, entra en un túnel. En la misma área, el tren pasa a través de un corte, hecho a mano, de más de 30 metros de profundidad (100 pies). Desde este punto, el camino férreo desciende 7.5 metros por kilómetro (40 pies por milla) hasta llegar a cruzar el río del Fuerte en un puente de casi 500 metros (1,638 pies) y 44.5 metros (146 pies) por encima del poderoso río, que aporta agua suficiente para irrigar 283,400 hectáreas (700,000 acres) de fértiles tierras costeras, en un clima semitropical en los alrededores de Los Mochis.

Igualmente, desde ese alto punto, el pasajero, durante el día, puede empezar a ver los espectaculares panoramas de la Barranca del Cobre, y antes de que esté listo para el espectáculo, el imponente cañón mismo aparece. El tren, en su viaje de regreso, se detiene en El Divisadero, a unos cuantos metros del borde de la garganta de más de kilómetro y medio de profundidad (una milla). Los pasajeros pueden entonces bajar hasta los miradores para contemplar brevemente el colorido cañón hecho famoso por el desaparecido José Gándara (del Departamento de Turismo de PEMEX) de El Paso y de México. Antes de que los pasajeros puedan darse cuenta de todo lo que se les ha permitido ver, el conductor del tren los apremia a regresar al tren. Luego, el turista puede regresar para disfrutar la vista y, si es suficientemente atrevido puede bajar al cañón, donde los álamos y los abetos se encuentran arriba, y los naranjos, plátanos, y caña de azúcar son cultivados en el fondo por los tarahumares. Debajo de los bordes de la barranca, y a la vista de los espectadores, hay siembras de maíz en tierras tan empinadas que un

6.12. DE LOS PRIMEROS TRENES. Este tren de emergencia en tiempos de guerra, en 1942, cerca de Ojinaga, no era tan moderno. Movido por un motor de tractor, tenía cuatro carros sin muelles. El tren corría casi a 50 kilómetros (30 millas) por hora, mucho más rápido que el tren mixto regular (foto de Glenn Burgess).

6.13. Pesando algodón en Falomir, entre Ojinaga y la ciudad de Chihuahua (foto de Glenn Burgess, 1942).

granjero tejano tendría miedo de desbarrancarse de ellas.[7]

PROFUNDOS CAÑONES

Después de la Barranca del Cobre, la línea continúa por un corto tiempo sobre la parte alta de la placa volcánica que esconde más de 1,609 kilómetros (1,000 millas) de profundos cañones. Luego empieza a descender rápidamente hacia el nacimiento del río Septentrión y más allá de Cuiteco, con sus deliciosas manzanas de alta calidad, antes transportadas en mulas y burros.

En una corta distancia, el tren entra en la sección del cañón Septentrión, que demostró ser el principal obstáculo de ingeniería y construcción para completar la línea. Fue la última sección terminada.

Excluyendo los túneles y los puentes, tan solo las plataformas y los drenajes costaron $23,400 pesos por kilómetro ($3,000 dólares por milla). Fue aquí donde fueron gastados la mayor parte de los $712.5 millones de pesos asignados por el gobierno mexicano en 1959-61. Fueron estos impenetrables 44 kilómetros de profundos cañones los que causaron que este autor tuviera que viajar 1,931 kilómetros en 1955 sólo para poder llegar hasta el final en la parte de abajo.

Sin embargo, el pasajero en el confortable tren, sabe muy poco de estos antecedentes: y sólo ve la multitud de cumbres montañosas, las laderas cubiertas de bosques, los arroyos que corren y los profundos cañones a los lados donde puede tomar mil fotografías y nunca duplicar un escenario. Los restos de los campamentos de construcción se aferran a los lados de las barrancas en tanto que el tren, con su locomotora diesel, se desliza suavemente por ese escenario.[8] Túneles por docenas empiezan a obstruir la visión.

La parte más fantástica de todo el viaje hacia el oeste son los 15 kilómetros (9 millas) que empiezan en Cerocahui[9] y ter-

---

7 Los tarahumares me dicen que cuando están arando en estas inclinadas laderas del cañón con dos bueyes atados a una yunta, si uno de ellos resbala y cae podría romperse el cuello. Es interesante notar que la lengua ralámuli tiene un elaborado sistema de palabras y terminaciones que expresan ideas de loma arriba, loma abajo, río arriba, río abajo, qué tan abrupto es el terreno, de qué lado de un cerro está ubicado algo, etc. (Véase Burgess, "Western Tarahumara.").

8 Uno de los trabajadores originales de la construcción me dijo que cuando ahora viaja en el tren, se siente lleno de nostalgia al mirar por las ventanas y ver los lugares donde estaban los campamentos de construcción: Areponápuchi, La Laja, Guasachique, Los Táscates, Oribo, Parajes, Bawina, Bahuichibo, Tacuina, Piedra de Lumbre, Santa Bárbara....

9 Ésta es una parada justo abajo de Bahuichibo. La palabra ralámuli (tarahumara) para Cerocahui es *Serógachi*, que yo pienso se refiere a una rasgada cordillera que se parece a

6.14. Jorge Togno posa junto a un cacto "órgano" en Sinaloa (foto Glenn Burgess, 1955).

minan en la parte baja del Chicural. En Cerocahui el tren da vuelta a la izquierda por un cañón lateral, en donde pasa por un túnel circular de 448 metros (1,471 pies) antes de que las vías regresen al cañón principal. Justo antes de alcanzar el valle del Chicural, el tren entra en otro largo túnel con 775 metros (2,543 pies) de oscuridad, para salir al sol brillante, donde los pasajeros ven el río Septentrión muchos metros abajo. Han salido justamente de abajo de las cascadas de Témoris. Para atravesar una distancia en línea recta de 2.6 kilómetros (1.6 millas), el tren debe recorrer poco más de 7 kilómetros (4.4 millas), que lo llevan a través de otro túnel en forma de U, La Pera, de 932 metros (3,058 pies). En esta sección de 15 kilómetros (9 millas) el tren viaja por entre nueve túneles y sobre siete puentes.

En Témoris los pasajeros tienen un tiempo corto para saltar del tren y tomar fotografías de los muros de los cañones y la tortuosa ruta del ferrocarril, que no puede exceder el grado máximo de inclinación de 2.5 por ciento. Definitivamente, los paisajes del Chicural y la Barranca del Cobre son los más altos momentos del viaje a través de la sierra.

LOS MAYORES PUENTES

Otra sección de 5 kilómetros río abajo del Chicural tiene 10 túneles y otros 5 puentes mayores. El resto del cañón Septentrión es casi la misma historia. El tren, finalmente, emerge al campo abierto y literalmente se arroja en dirección al sur sobre el río Chínipas, por el más alto puente de la ruta: Los rieles están justamente 91.4 metros (300 pies) por encima del agua. Después de ese alto puente, los pasajeros descubren maravillosas vistas de la caída occidental de la Sierra Madre, de casi un kilómetro (3,000 pies). Aún faltan 6 y medio kilómetros (4 millas) para encontrar al más largo túnel, El Descanso, de casi 2 kilómetros (más de una milla), cuya dimensión oficial es de 1,836 metros (6,024 pies). Antes de que los rieles fueran tendidos, la plataforma era utilizada como camino de terracería: Los conductores al entrar al túnel tenían que dilucidar si la pequeña luz al fondo era la luz del día ¡o los faros de un automóvil!

Muy pronto, las laderas bajas de la falda de las montañas, cubiertas con la variedad tropical de los órganos y las pitahayas, desaparecen, en tanto que el tren cruza el río del Fuerte, 19

---

la pierna de una campamocha (*seeró*), ubicada cerca del pueblo de Cerocahui. El toponímico *Ba'wichibo* se refiere a un lugar plano y brumoso.

kilómetros arriba (12 millas) de la presa de tierra Miguel Hidalgo. Esta presa guarda la mayor parte de las aguas que fluyen por el río, de aparente tranquila corriente, que se convierte en un rugiente torrente en Julio, Agosto, y Septiembre, en la temporada de lluvias de la Sierra Madre.

Las exuberantes tierras de cultivos de riego son un descanso, después de haber estado encajonados entre los altos muros del cañón Septentrión; pero después de unos interesantes días en Los Mochis, pescando en aguas profundas en la bahía de Topolobampo, el viaje de regreso de 673 kilómetros (418 millas) hasta la ciudad de Chihuahua, es todavía extremadamente interesante.

Para entonces, los pasajeros habrán tenido tiempo de interesarse en la historia de la línea, los problemas de ingeniería que implicó, y la estatura de la tarea lograda por México. Las sombras de la tarde producen una nueva perspectiva, y la Sierra Madre aparece aún más hermosa que en el viaje de descenso. Es de dudarse que algún pasajero deje de comentar: "Éste es el más fantástico viaje que he hecho alguna vez en un tren." Las palabras no pueden describir los panoramas. El ferrocarril, es verdaderamente ¡"un trabajo de romanos"!

Riendo Acerca de la Velocidad (o su Falta) en la Sierra

La retadora geografía de la sierra significó que los ingenieros tuvieran que usar frecuentemente "columpios": bajar y subir. Distancias que son cortas si se volara directamente, se multiplican al tener que ser resueltas por vías férreas o caminos. Además, las curvas y pendientes obligan a una velocidad baja. En algunas regiones, era más rápido para una persona que creció en la sierra el trepar a pie, y aún para algunos visitantes, el caminar para recorrer esas distancias.

Esto era especialmente cierto en los primeros días del tren. En 1930, cuando el antropólogo Robert Zingg estaba viajando de la ciudad de Chihuahua a Creel en el tren, escribió:

> Las grandes curvas en forma de herradura que toma el camino al trepar por la sierra, son tan amplias, y la pendiente tan inclinada, que en un lugar salté fuera del tren al principio de una curva, y caminé la distancia intermedia. Atrapé el tren en su camino de regreso, con tiempo suficiente para encender un cigarro. Habíamos ganado unos 15 metros (50 pies) en altitud, quizá, pero estábamos virtualmente no más cerca de nuestro destino (p.4).

Una historia contada por Erle Stanley Gardner en 1954 en *Neighborhood Frontiers* (Fronteras Vecinas) (pp.225-226), también genera una carcajada. Gardner era famoso por sus novelas de misterio, pero este libro habla de sus viajes por México. Escribió:

> Creel es el fin de un cierto tipo de ferrocarril que corre con un montón de silbidos y pujidos. Los descarrilamientos son frecuentes, pero la velocidad es tal que nadie podría salir probablemente dañado.
>
> De hecho, había una deliciosa historia acerca del ferrocarril, que los mexicanos contaban con mucho gusto.
>
> Parece que aquella tarde el tren iba particularmente despacio, deslizándose alrededor y deteniéndose, hasta que finalmente llegó a un alto definitivo, con el maquinista haciendo tocar el silbato frenéticamente.
>
> Un pasajero norteamericano, que podía hablar un poco de español, llamó al conductor y exigió saber qué sucedía.

El conductor, con muchas sonrisas y movimientos de los hombros, explicó que había una vaca pastando por las vías. El maquinista estaba haciendo lo más que podía para sacar a la vaca del camino. Pronto continuarían. "No tema, señor, el tren continuará, pronto. Pero, mientras tanto, nada se puede hacer, más que hablarle a la vaca con el silbato."

Así que el enfadado norteamericano volvió a sentarse y finalmente se durmió. Se despertó con un estremecimiento, en tanto que el tren empezó a caminar, y el conductor regresó para decirle: "Si, seguro, es como le había dicho ¿no? El tren ya arrancó. Ahora vamos a buena velocidad, ¿no?"

El norteamericano hacía ya tiempo que había dejado de mirar su reloj. Asintió débilmente y se acomodó para esperar.

El tren avanzó por otros 45 minutos, y luego, abruptamente, se detuvo. Una vez más el maquinista empezó a sonar el silbato. El conductor, anticipándose a las quejas del norteamericano, le dijo: "Señor, voy a ver. Voy a ver."

Salió rápidamente hacia el frente del tren y luego regresó una vez más, sonriendo afablemente, moviendo sus hombros.

"La vaca," dijo el conductor, su rostro enredado de sonrisas.

"Dios mío," dijo el norteamericano, ¡No otra vaca!!"

"No, no, no," protestó el conductor. "¡No es otra vaca! ¡Es la misma, señor!"

Poco hay de extrañar en que el tren sea llamado a veces "El Cansado," a diferencia de "El Kansas" (También le decían El Te Cansas City, México y Oriente).

Aunque las modernas tecnologías de transporte parezcan ser una mejoría en el poder llegar a ciertos lugares, la geografía de la sierra muchas veces gana la batalla. Mucha gente, quizá, enfrentando la necesidad de atravesar montañas y cañones, sean como un tarahumar en la película *Tarahumara* de 1965, con Ignacio López Tarso: El hombre iba caminando, cuando una camioneta del gobierno se detuvo junto a él: El conductor le ofreció llevarlo. "No, gracias," replicó el tarahumar, "Tengo prisa."

Muchas veces es más rápido caminar.

6.15. Con el puente Chínipas al fondo, Don y un colega cargan sus velices, dejando a un camión atascado en el lodo detrás de ellos (foto de autor desconocido, 1959).

Las Vidas de Dos Trabajadores del Ferrocarril

entrevistas por Don Burgess

7.1. Tarahumares trabajando en la construcción (foto de Glenn Burgess, 1955).

7.2 y 7.3. El trabajo manual (fotos de Glenn Burgess, 1955).

Pagos por Servicios Prestados

De acuerdo con el historiador Carlos Jaime Morales, su padre, Guadalupe Jaime Mora, trabajó en 1944 en la sección de El Lazo-Pitorreal como Tomador de Tiempo. Su trabajo consistía en llevar registro del número de carretillas de material que cada persona producía cada día, usualmente alrededor de cien, así como llevar cuenta del número de agujeros para dinamita perforados, para que de acuerdo a eso se pagara a los trabajadores. El encargado tenía que ser un hombre honrado, que no pudiera ser sobornado por los trabajadores. Estas perforaciones para colocar la dinamita, por cierto, eran hechas a mano: no tenían entonces compresores para perforar.

Candelario López

7.4. Un trabajador del ferrocarril, Candelario López, escucha aquí un reproductor solar con el Nuevo Testamento en su lengua de la Baja Tarahumara (foto de Don Burgess, 2004).

Candelario era un tarahumar de la región de Cuiteco. Nacido en 1930, murió en 2011.

A los 15 años empezó a trabajar en el ferrocarril, empezando en Creel, donde terminaba la línea, ayudando en los equipos de prospección que hacían los levantamientos de los lugares donde se construirían los bordos o plataformas y los túneles. Trabajó con el ingeniero Lara.

Por un tiempo, estuvo cortando durmientes. Lo más que llegó a producir fueron 25 en un día, cuando la mayoría de los trabajadores hacían de 10 a 15 diarios, cortando a escuadra los maderos de 2.44 metros (8 pies) de largo, que habían sido cortados con una sierra de través. Ganaba 75 centavos por durmiente. No era fácil hacer ese corte en escuadra, y un pariente de mayor edad que hacía el mismo trabajo, muchas veces lloraba, al no ser capaz de hacerlo correctamente.

Cuando trabajaba en la definición de la línea, los ingenieros siempre lo enviaban a los lugares difíciles y peligrosos. En algunos sitios tenía que descender con una cuerda. Candelario estaba siempre sorprendido de cómo los topógrafos y los ingenieros prospectores podían siempre hacer un túnel y que saliera justo en el lugar correcto; o que las excavaciones se encontraran perfectamente a la mitad del túnel. En los lugares donde se construían puentes, ayudaba a hacer las perforaciones de prueba de los suelos, cuando los ingenieros querían saber qué tan estable era el piso por debajo de donde pondrían un puente. Usualmente perforaban alrededor de 25 metros de profundidad. Casi siempre, alcanzaban algún tipo de roca, por lo general la suave ceniza volcánica, pero muchas veces dura roca. Para el túnel de Témoris, perforaron 100 metros, pero nunca alcanzaron la roca, así que tuvieron que construir pilotes extra grandes. Nunca tuvieron ninguna clase de problemas allí, pero Candelario dijo que en otros puentes, hubo algunos movimientos, como juntas que se separaban lo suficiente como para preocupar a los ingenieros.

Compactar la tierra justo donde serían colocados los rieles, era todo un trabajo: Después de que los trabajadores habían terminado, uno de los "jefes" a veces llegaba y tiraba un balde de agua sobre la tierra, para ver si corría, como debería, o si se absorbía.

El trabajo era bueno, dijo Candelario, y siempre pagaban cada dos semanas. Cuando estaba trabajando en los túneles, ayudando a hacer las perforaciones para dinamitar, muchas veces estaba demasiado húmedo, con agua goteando del techo. Una vez hubo un desplome cuando estaban perforando y una roca golpeó a uno de los trabajadores. Una de las entradas al túnel quedó completamente cerrada, pero pudieron salir por el otro lado, a través de una pequeña abertura.

Candelario trabajó hasta que la línea fue casi terminada, en 1961, y luego se dedicó por un tiempo a los trabajos agrícolas en Cuiteco, para después regresar a trabajar al ferrocarril, donde estuvo empleado hasta que se jubiló. Había sido invitado a la inauguración a Témoris, pero no fue.

Para obtener parte de su jubilación, tenía que ir a la ciudad de Chihuahua una vez al mes. El resto del tiempo estaba en San Rafael, donde vivía en una casa justo al lado de la vía del ferrocarril. Tenía varios árboles, muy bien cuidados, de durazno, manzana, y de otros tipos en su patio. Vivía allí con su segunda esposa, una mujer mexicana. La primera, tarahumara, no quiso mudarse con él a los diferentes lugares donde él tenía que trabajar.

Unos cuantos años antes de morir, dejó a su segunda esposa y estaba viviendo en Creel con uno de sus hijos; ocasionalmente, iba a Cuiteco para ver a su primera esposa.

El ingeniero Miguel Leal recuerda una vez en que Candelario estaba a cargo de 30 trabajadores que sacaban las rocas de un corte: de pronto, sintió pequeñas piedritas golpearle la cara. Candelario se dio cuenta que estaban disparándose desde los costados del corte, a causa de una tremenda presión desde arriba, y que la pared estaba a punto de ceder. Gritó a los trabajadores que salieran del corte, justo unos segundos antes de que toda la pared se desplomara hacia adentro.

7.5. Trabajando con un compresor en la preparación para la dinamita. Nótese las sandalias o huaraches de suela de llanta (foto de Glenn Burgess, 1955).

7.6. Cuadrilla de trabajo cruzando un puente río arriba de Cuiteco (foto de Don Burgess, 2010).

José Miyamoto

7.7 y 7.8. José Miyamoto, cerca de 1995, y su padre, José Miyamoto Isida (fotógrafos desconocidos).

Esta entrevista fue realizada en 1995 en Bachámuchi, Chihuahua, un aserradero en la sierra, cerca de Rocoroibo, donde José tenía una tienda. Nació en 1923 y murió el 19 de Julio de 2001, el día del cumpleaños de su esposa, Ana Feliz Contreras Merás.[1] Su hijo Carlos continúa operando la tienda.

|||||||||||||||

Don: Cuénteme acerca de la historia de su padre.

José: ¿La historia de mi padre? ¿De los tiempos en que vino del Japón? Muy bien.
   Después de la guerra de Japón con Rusia en 1905, Japón estaba muy pobre. Habían estado peleando en Manchuria y perdieron la guerra; y tuvieron que pagar la restitución de los daños que habían hecho allá. Así que el gobierno japonés liberó del servicio a los soldados y los envió a otros países para que trabajaran y pudieran enviar dinero a Japón. Y mi padre fue enviado a México. Mi padre era de Tecomamoto, cerca de Yokohamo, y junto con otros 600 japoneses vino en un barco a Salina Cruz, México.

---

1 Las fotografías de los Miyamoto son una cortesía de la familia Miyamoto.

Don: ¿Y cuántos días estuvieron en el barco?

José: Les tomó 45 días en el barco llegar a Salina Cruz, aunque se detuvieron en Hawái para dejar una carga. Luego de allí se fueron a Manzanillo. Allí también dejaron un poco de carga, y luego ya se fueron a Salina Cruz. Allí tuvieron que trabajar en unas siembras de caña de azúcar, pero no les gustó el trabajo, porque había insectos que los picaban y les causaban llagas, y luego salían lombrices de esas úlceras. Así que decidieron irse. Fueron a la ciudad de México. Fueron seis japoneses los que se fueron, parientes entre sí. En cierto punto, tuvieron que cruzar un gran río. Iban a pie, huyendo. Tenían la idea de irse a San Francisco, California, para tomar allí un barco, porque sería imposible para ellos tomarlo en México. Así que iban caminando, evitando a los soldados [mexicanos], porque los estaban buscando para regresarlos, si los encontraban dentro de cierta distancia de la plantación. Luego, cuando estaban queriendo cruzar el gran río, uno de ellos, uno de los seis japoneses, se metió al río para ver qué tan profundo era; y cuando entró al agua, inmediatamente un cocodrilo lo atrapó y se lo llevó. Los demás se quedaron allí hasta el día siguiente. Y al otro día, encontraron el cuerpo, pero sin una pierna. Esperaron hasta que se hizo de noche, y en un puente, donde el guardia no estaba atento y se había dormido, los japoneses cruzaron el puente. Luego caminaron por las vías del tren.

Así, llegaron a la ciudad de México; y después de un tiempo, se fueron a Juárez. Y hasta allá les mandaron dinero: se los enviaron de Japón para que tomaran un barco. Pero no eran muy sensatos, y empezaron a jugar a la ruleta y otros juegos que había allí, y perdieron todo el dinero. Así que tuvieron que regresar a la ciudad de Chihuahua para trabajar, porque, como eran japoneses sin dinero, no les permitieron cruzar la frontera a El Paso. Así que estuvieron en Chihuahua trabajando varios años. Luego, de Japón les enviaron una carta llamándolos para que regresaran, por una guerra en la que Japón estaba entrando [la Primera Guerra Mundial], pero a causa de la revolución mexicana no pudieron salir.

Luego de Japón les enviaron una tarjeta, una tarjeta roja que enviaban a todos los hombres que habían sido soldados en Japón, y si no se reportaban dentro de cierta cantidad de tiempo, serían considerados desertores. Entonces nunca más podrían regresar a Japón. Así que mi padre no pudo regresar. Incluso después, cuando tuvo dinero, no pudo regresar porque fue considerado desertor. Así que se casó aquí en México.

Antes de la revolución [de 1910], tuvieron una pequeña tienda en la ciudad de Chihuahua, en las calles de Morelos e Independencia, y era un buen lugar. Mi papá dijo que incluso tenían vinos y licores en esa tienda. Estaba más o menos bien, pero llegó la revolución y de un momento a otro tuvieron que huir y esconderse, porque eran extranjeros y Villa perseguía a todos los extranjeros. No tuvieron tiempo de recoger todo su dinero: dejaron todo allí y los revolucionarios se llevaron todo. Luego, ellos se

7.9. José Miyamoto, padre, y su familia. Fotografía tomada en la sierra de Chihuahua, probablemente en los años 30 (foto de autor desconocido).

fueron a esconder, allá, en un pueblito llamado Aldama, cerca de Chihuahua. Y allí los habitantes ya los conocían. Y cada vez que los revolucionarios se aparecían, la gente los escondía. La gente de allí era buena gente y los protegían. Allí estuvieron varios años. Vivían como agricultores y sembraban un pedazo de tierra (como "medieros"), dándole la mitad de la cosecha al dueño de la tierra.

Luego, después de la revolución, regresaron a Chihuahua y abrieron otra tienda. Después, por 1922, se casaron. Uno de ellos era sobrino de mi padre, y fue el primero en casarse, y después mi padre. Yo, y varios de mis hermanos y hermanas, nacimos allí; y luego, más o menos en 1934, nos fuimos al pueblo minero de Maguarichi. Yo tenía entonces como 12 o 13 años. Solo uno de mis hermanos nació en Maguarichi.

Estuvimos allí por varios años, hasta que ya no trabajaron la mina. Entonces nos cambiamos al pueblo minero de Monterde [al otro lado del cañón Oteros], y allí todos empezamos a trabajar. Yo tenía como 15 años. Trabajamos ahí hasta que cerraron la mina, más o menos alrededor de 1945. Mi papá trabajaba como carpintero. En Maguarichi tenía una tienda. Era una de las mejores tiendas allí. Yo trabajé en la tienda cuando estaba chiquito. Ayudaba a mi papá y a mi tío. Ellos juntos tenían la tienda.

Así que de Maguarichi nos fuimos a Monterde. Mi papá trabajaba como carpintero y yo trabajaba en la mina. Trabajaba como un trabajador común. Trabajé adentro de la mina como por cuatro años. Luego hubo una oportunidad de trabajar en la superficie, y tomé ese trabajo. Trabajé en todos los diferentes departamentos: Yo era un trabajador común, rompiendo rocas; fui mecánico; y luego hubo una oportunidad para trabajar con los compresores que hacían trabajos en la superficie. En este último trabajo trabajé hasta que la mina cerró. Trabajé más o menos seis años en esa mina. Luego mi papá se fue a San Rafael. Lo llamaban entonces Los Táscates. Y allí trabajó con el ingeniero del ferrocarril Togno, Francisco M. Togno le decían, ¿no es cierto? Trabajó allí con él. Luego, cuando el ingeniero Togno se fue de San Rafael, mi papá se quedó allí, en las casas del ingeniero. Él se las dio a mi papá porque se conocían de mucho tiempo (Un hermano menor, Alejandro, todavía vive allí y tiene un taller mecánico.). Él había conocido a mi papá en Monterde, cuando andaba buscando una ruta para poner el ferrocarril. Estaba revisando la ruta de Monterde a La Finca, cerca de Uruachi, y de allí, río abajo, a Chínipas. Pero no sirvió para poner el ferrocarril por allí. Togno también revisó una ruta que iría por Churo y entrando hacia abajo por el cañón Septentrión; pero finalmente, le gustó la ruta de San Rafael, Bahuichibo, Rillito, y Témoris.

Nosotros estábamos trabajando allí, en San Rafael, en los túneles cerca de allí. El trabajo era siempre sólo por ciertos períodos. El gobierno solo ponía un poco de dinero para cada año. Ese dinero se usaba y los trabajadores se quedaban esperando por que fuera aprobado el siguiente presupuesto. El trabajo empezaba usualmente por Febrero o Marzo. Duraba por cuatro o cinco meses, y el resto del año los trabajadores no tenían nada qué hacer. Así fue, hasta que López Mateos fue presidente [tomó posesión el 1º. de Diciembre de 1958, hasta Noviembre de 1964]; entonces tuvo el dinero para terminar todos los trabajos finales, hasta que el trabajo que se hacía en la región baja se encontró con el de las regiones altas.

Trabajábamos con carretillas y camiones de volteo, "dompes." Los camiones eran cargados con palas. No había entonces maquinaria grande, solo compresores para las perforaciones. No hubo palas mecánicas hasta que López Mateos fue presidente, y entonces trajeron mucha maquinaria: palas mecánicas y "bulldozers" y maquinarias poderosas. Al principio, trabajábamos en los túneles con lámparas en la cabeza, igual que en las minas: lámparas de carburo. Había algunos generadores de luz. Los ponían dentro de algunos de los túneles, pero en otros túneles pequeños, sólo usábamos "cachimbas," lámparas de carburo. Con eso es con lo que trabajábamos, y con carretillas que eran llenadas a mano. A veces, había como 20 a 30 hombres yendo y viniendo con las carretillas, vaciando la tierra en el lugar correcto. Así es como trabajábamos al principio.

Trabajé con el compresor, y también como afilador de taladros o barrenas. Cuando trabajé allí con el ingeniero Togno, trabajé con el compresor, como afilador de puntas de barrena y arreglando las carretillas que se descomponían. Trabajé también en el taller, cuando no me necesitaban en los túneles, arreglando carretillas.

Don: ¿En qué año fue eso?

José: La mina en Monterde cerró más o menos hacia finales de 1945. Entonces fuimos a trabajar en San Rafael alrededor de 1948. No estoy seguro.

Don: ¿Vivían en Los Táscates?

José: No, yo vivía en Aremúibo, en Monterde. Es donde yo tenía a mi familia, pero me fui con mi papá, que vivía en Los Táscates. Estaba allí una semana o dos, trabajando, y luego iba a ver a mi familia en Monterde. Me había casado hacia finales de 1945. Tenía allí un lugar donde sembrar, y compré un pedazo de tierra y sembré algunos manzanos. Compré algunos animales y criaba ganado, así que tenía algo para vender, solo un poquito, y después tuve chivas; tenía un pequeño hato de chivas que mi familia cuidaba. Yo estaba trabajando en el bordo del ferrocarril. Y así es como eran las cosas.

En Cuiteco estaba trabajando en el bordo del ferrocarril, y empecé a trabajar en los túneles como operador del compresor; y también yo era el que hacía estallar la dinamita cuando los perforadores, dentro del túnel, tenían ya las cargas conectadas. Yo era el que tenía la llave para detonar la dinamita. Era el único que tenía el candado y la llave, porque era muy peligroso. Cuando ya toda la maquinaria estaba afuera, y toda la gente de perforación había salido, entonces yo era el que detonaba la explosión. Después de que la explosión se soltaba, yo era el que tenía que ir a conectar el ventilador. El ventilador sacaba los gases de la explosión. Entonces la maquinaria podía ser llevada dentro del túnel.

Don: Era peligroso, ¿no es cierto?

José: Si, la explosión era peligrosa porque era detonada con electricidad, la electricidad del generador eléctrico. Y alguien tenía que vigilar cuidadosamente. Yo vigilaba el switch. Yo tenía el switch con el candado. Cuando todos habían dejado el túnel, me decían que era seguro soltar la explosión. Entonces yo movía el switch. No lo hacía hasta no estar seguro de que toda la maquinaria estaba afuera, cualquier cosa que pudiera ser destruida.

Don: ¿Y nunca pasó nada?

José: No, nunca pasó nada, gracias a Dios. Nada podía pasar conmigo teniendo el candado y la llave. Yo era el único que podía detonar la explosión.

Entonces llegó una oportunidad. Había necesidad de un afilador de puntas de taladro, y como yo sabía cómo hacerlo bien, un día le dije al ingeniero: "Si me paga cierta cantidad, yo afilaré las brocas de los taladros"; porque estaban teniendo problemas, no podían encontrar a nadie que afilara las puntas de las barrenas realmente bien. Si no se hacían correctamente, se gastaban rápidamente. Era difícil hacer una buena afilación. Le dije al ingeniero: "Págueme tanto y yo afilaré los taladros bien." Les dije que nada más enviaran por cierto aparato usado para afilar las puntas, y cuando llegó, lo arreglé. Todo lo que tenía que hacer era empujar la manija a donde estaba la broca, y rápido la afilaba. Lo hacía tan bien, que un inspector de la fábrica que hacía los aparatos me felicitó, porque yo afilaba tan bien las brocas. Me dijo: "Eres de los pocos que han tenido éxito en afilar los taladros con tanta precisión."

Allí me quedé afilando brocas, y gané poquito más dinero. Un operador de compresor ganaba 20 pesos al día entonces, pero con esta oportunidad que el ingeniero me dio de afilar taladros, yo estaba ganando entre 150 y 175 pesos al día; pero trabajaba desde las 7 de la mañana hasta la media noche. Tenía trabajo más que suficiente, pero también tenía que dormir. Trabajaba dos turnos a la vez. Ciento cincuenta pesos en esos días era mucho dinero. Los operadores de los tractores no ganaban más de 50, y ellos también trabajaban mucho y muy duro.

Don: Yo solo ganaba 17 pesos diarios en Cuiteco.

José: Fíjese nomás. Yo hice mucho dinero, y me fui a Chihuahua a comprar un terreno, y construí una casa, y me llevé a mi familia para allá, porque no había buenas escuelas en la sierra. Cuando me los llevé para allá, unos de ellos quisieron estudiar, otros no. Ahora tengo dos hijos que son ingenieros y una hija que es dentista. Ella tiene un buen consultorio allí en Chihuahua, en la calle de Fresno #710. Allí tiene su consultorio, su trabajo. Ella vive más o menos bien.

Don: Usted debe haber estado en Cuiteco en 1959, 1960, ¿no es cierto?

José: Creo que sí, porque yo me fui de Cuiteco en 1962, cuando terminó el trabajo. El trabajo se acabó para mí, porque ya no había más detonaciones. No había compresores, la maquinaria se la estaban llevando, así que me quedé sin trabajo. Querían llevarme a otro trabajo en Infiernillo, que es a donde se llevaron la maquinaria, allá en Michoacán. Estaban haciendo una presa allá, no recuerdo el nombre, pero estaban haciendo una presa grande con la misma compañía. El ingeniero quería llevarme allá.

Don: ¿Cuál? ¿La ICA? [Ingenieros Civiles Asociados].

José: Si, era la ICA. Tenía mucha maquinaria, y muchas de esas máquinas se las llevaron a la presa de Infiernillo; y los ingenieros dijeron: "Vámonos para allá. Allá puedes seguir trabajando." Pero yo tenía a mi familia aquí, todos los niños y las cosas. Era mejor que me quedara en Chihuahua, para trabajar allí.

Don: ¿Pero usted fue a la ciudad de México para ver al ingeniero Togno?

7.10. Francisco Togno y su esposa Carmen Murguía Barrundia en su hogar en la ciudad de México. Tuvieron cinco niños: Carmen, Jorge, Francisco, Virginia y Olivia. Los tres de en medio nacieron en Chihuahua, durante la construcción del ferrocarril (foto de Glenn Burgess, circa 1965).

José: Sí, yo estaba trabajando con el ingeniero Togno, principalmente con el ingeniero Monterrubio; pero ellos eran socios. Al principio ellos eran socios allá en San Rafael. Estuve trabajando allá por un año, de Mayo a Mayo, pero la maquinaria con la que estaba trabajando pertenecía al ingeniero Monterrubio.

Don: ¿Qué estaba usted haciendo?

José: Hicimos una línea lateral para el Ferrocarril Mexicano que iba de Veracruz a la ciudad de México. En vez de entrar directamente al centro de la ciudad de México, hicimos una vía que iba a Tlalnepantla. Y dinamitamos una loma que estaba allí, en un pueblo llamado Ticomán. Está en una de las partes en los alrededores de México. Y también hicimos una sección para la carretera que entraba por Cuautepec. El autobús salía de Guadalupe para Cuautepec, y pasaba por Ticomán. Allí en Ticomán es donde tiramos esa loma. Hasta entonces yo estuve con los ingenieros Monterrubio y Togno.

Don: ¿Y fue usted alguna vez a la casa del ingeniero Togno?

José: Sí, una vez estuve en la casa del ingeniero Togno. Me recibió muy contento. Platicamos mucho allí. Ya me fui por la tarde. Tenía que regresar a trabajar.

Don: ¿Era una buena persona?

José: Muy buena persona. Una persona muy fina. Conocí a dos o tres de sus hijos: Panchito y una hija, no recuerdo su nombre. Su esposa era también muy atenta; muy buenas personas todos ellos. Era lo mismo en la casa del ingeniero Monterrubio. Estuve allí en su casa varias semanas, porque la maquinaria no había llegado, todas las cosas que se necesitaban para hacer el trabajo. Estuve en su casa hasta que llegaron. Era en la calle de Rébsamen [en la colonia del Valle], donde vivía el ingeniero Monterrubio. Y el ingeniero Togno vivía en la calle de Aída [en la colonia San Angel Inn]; no recuerdo el número.

Don: ¿Y luego cuándo se fue al aserradero en Lagunitas, en la sierra de Chihuahua?

José: Déjeme ver... Me llevé a mi familia allá. Un día estaba en la ciudad de Chihuahua buscando trabajo, y vi que un ingeniero estaba teniendo problemas para levantar unos grandes postes de acero y unas vigas de fierro. Tenía varios peones allí, y los postes estaban regados por el suelo.

Era allí en la [Ciudad] Deportiva. Entonces le dije al ingeniero: "Yo le ayudo a levantar esos postes de fierro, pero tiene que pagarme tanto dinero." "¿Sabe usted de estas cosas?" me preguntó. "Sí," le dije, "trabajé allá en la construcción del ferrocarril y más o menos sé como parar esos postes." "Muy bien," me dijo. "A ver, ¿qué necesita?" "Mire," le dije al ingeniero, "tráigame sólo un tubo y una pieza que sea de dos y medio o tres metros, porque los postes son de seis metros de largo." Necesitábamos unos tres metros para parar los postes. Se fue a la ferretería y trajo esos postes y otras cosas que necesitábamos. Le dije que hacían falta también unos cables para levantar los postes: con 4 cables, y unas anclas, para ponerlos firmes, y no se inclinaran ni se cayeran. Así que pusimos las anclas en los cuatro lados, de manera que no se cayeran. Y pusimos el tubo allí y empezamos a levantar los postes de acero, que eran muy pesados. Paramos esos postes de fierro y luego empezamos a levantar todo el edificio, que era prefabricado en los Estados Unidos. También había una escalera de hierro que habían traído y la pusimos allí junto. Estuvimos tres meses levantando ese edificio y encima pusimos un aparato de radar; y un electricista vino y conectó todo. Luego pusimos una cubierta de fibra de vidrio. Era como una bola, y adentro de esa bola estaba el radar. Y el piso lo hice de triplay. Quedó muy bien.

Y de allí nos fuimos a hacer otro en Monterrey. Estuvimos allá como por cuatro meses también. Y de allí nos fuimos a Guaymas [Sonora] a poner otro igual.

Un americano estaba a cargo de esos edificios. Nos dijeron que eran para estudios de la alta atmósfera, pero ¿quién sabe? Probablemente estaba conectado con el miedo que tenían los americanos de que Rusia iba a mandar una bomba. Sólo Dios sabe, pero yo trabajé en eso, yo levanté los edificios en que estaban puestos los radares. Había una gran cantidad de aparatos allí.

7.11. El aserradero de Lagunitas, donde José tuvo una tienda. Unos pocos días después de que fue tomada esta foto, el aserradero que aquí se ve fue quemado por una guerrilla. Costales de maíz se pueden ver al frente, que era el pago para la gente local del aserradero (foto de Don Burgess, 1974).

Don: ¿Cuándo se fue a Lagunitas?

José: Cuando acabamos esos edificios, el último que estaba en Guaymas, me fui a la ciudad de Chihuahua, y oí decir que iban a poner un aserradero aquí en Lagunitas, aquí, arriba de la montaña; y fui a ver, porque yo tenía ganas de poner una tienda allí. Así que me fui para allá y empecé a construir una casa. Yo tenía crédito con los Cuesta en Creel, Gregorio Cuesta, y ellos me proveerían. Yo conocía a Gregorio ya de hacía algunos años.

Don: ¿Él mandaba comida a San Rafael para los trabajadores del ferrocarril?

José: No. Gregorio había proveído a varias tiendas en San Rafael, y en eso es en lo que me conoció a mí y a mi padre. Así que le pedí crédito. Le dije que quería poner una tienda en Lagunitas. Y me dijo: "Seguro, hazlo, no hay problema. Nada más haz una casa y asiéntate allí y yo veré cómo te aprovisiono." Entonces se enviaba express [paquetería y carga] por el tren, así que me mandó mercancía de Creel a San Rafael. Allí la recibí y me la llevé en camión.

Don: ¿En qué año era eso?

José: Soy muy malo para las fechas. No recuerdo exactamente.

Don: Así que puso una tienda.

José: Si. Estuve trabajando allí hasta que aquellos rebeldes llegaron y quemaron el aserradero [en 1974]. Entonces me cambié de allá para acá, en Bachámuchi.

Don: ¿Y cómo fueron las cosas cuando esos rebeldes llegaron? ¿Llegaron a la tienda?

José: Si, llegaron allí, pero solo ese día en que quemaron el aserradero. Antes de eso yo no los había conocido, pero ese día llegaron allí, porque yo era el comisario de policía, allí en Lagunitas, y ellos querían agarrar a Enrique Sonoscar [¿Oscar?], el jefe del aserradero, porque había prometido más altos salarios y no sé qué más. Y como no lo encontraron, tomaron a varias personas, pero a mí me tomaron prisionero y me pusieron enfrente de las sub ametralladoras. Ellos estaban allí diciendo cosas acerca de lo que buscaban y lo que querían; y luego el jefe de ellos dijo: "Vamos a quemar este aserradero, para que la gente sepa que hablamos en serio." Dijeron que estaban en contra de los ricos; y no recuerdo todas las otras cosas que me dijeron. Y yo les dije que no deberían quemar allí donde la gente pobre tenía sus casas. "Ellos no tienen más que lo poco que tienen en sus casas. Así que por favor no quemen allí donde viven." Así que quemaron el aserradero, pero no las casas de la gente pobre.

Don: ¿Cómo se llamaba su papá?

José: Mi padre se llamaba José Miyamoto, igual que yo. Excepto que su segundo nombre era Isida. En japonés eso significa corral, o donde siembran, o donde está sembrado, pero hay muchas rocas.

Don: Y Miyamoto, ¿qué significa?

José: No sé.

Don: ¿No significa flor?

José: No. Regresando a lo de Isida, significa campo con rocas, o roca en el campo, algo así. Allí donde está sembrado.

Don: Y su padre, ¿está enterrado en Areponápuchi?

José: Si, está enterrado allí. Él dijo que allí era donde quería ser enterrado. Tenía 85 años cuando murió. Yo tengo 72. Pasado mañana voy a cumplir 72. El Día de los Muertos. En el Día de los Muertos tendré 72.
    Bueno, ya hemos platicado algo.
    Recuerdo una historia japonesa: Dice que, bueno, verá... mi padre decía que había una mujer casada que dijo: "¿Cómo es que no tengo ojos en las puntas de los dedos, para poder ver las cosas de arriba, como encima del ropero, y del trastero?" Pero entonces otra mujer le dijo - porque otra mujer estaba allí en la cocina, moliendo chile - "¿Por qué iba yo a querer tener ojos en los dedos, cuando tengo las manos metidas en el chile?"[2]

---

[2] Cuando José me contó esta historia antes, una vez, la cocinera estaba trabajando con un sartén caliente, para freír, en vez de con chile.

Efectos del Ferrocarril en las Culturas Locales
por Don Burgess

8.1. Niños ralámuli o tarahumaras que viven en casas dentro de cuevas, debajo de un moderno hotel cerca de El Divisadero (foto de Don Burgess, 2005).

8.2. Mujer ralámuli con teléfono celular en el cañón de Urique, donde termina el "Teleférico" (foto de Don Burgess, 2012).

8.3. La pequeña área plana o "mesa" al centro, es donde está sentada la mujer que hace una llamada por teléfono en la foto anterior. Esta foto fue tomada unos años antes de que se instalara el Teleférico, que va de uno de los miradores del Cañón del Cobre hasta esta zona a la mitad de la barranca (foto de Don Burgess, 2005).

El ferrocarril Chihuahua al Pacífico será, sin duda, un elemento de extraordinaria importancia para el desarrollo económico y social de la Tarahumara. Podrán utilizar recursos que han existido hasta ahora solo en forma potencial, y si la acción benéfica del ferrocarril es exitosamente canalizada para el beneficio de las comunidades y de los ejidos, ciertamente servirá como una poderosa palanca para el beneficio económico y social de estas comunidades (Lic. Alfonso Caso, Director del Instituto Nacional Indi-genista, en *Comunicaciones y Transportes*, 1962, p.19).

Las dos culturas más afectadas por la construcción del ferrocarril a través de la Sierra Tarahumara son la de los ralámuli o tarahumares y la de los "mestizos" locales.[1] Ambas culturas han enfrentado rápidos cambios, que se han generado en tanto que su medio ambiente ha dejado de estar aislado.

La región tarahumara incluye unos 48,270 km cuadrados (30,000 millas^2) (Antes de la llegada de los españoles ocupaban unos 72,405 km^2/45,000 millas^2), y el ferrocarril corta justo por su territorio. El último censo dice que hay 85,000 tarahumares de más de cinco años. Un poco de historia es necesaria: Los tarahumares o ralámuli,[2] como se llaman a sí mismos, son parte del grupo lingüístico Uto-Azteca, que incluye a los utes en el norte de los Estados Unidos, los hopi, pápago-pimas, yaqui, mayo, guarijío, tepehuán, cora, huichol, azteca, etc., a todo lo largo de México, hasta Costa Rica. Los parientes lingüísticos más cercanos relacionados con los tarahumares son los guarijíos, seguidos por los yaquis y los mayos.

Las comparaciones lingüísticas sugieren que los tarahumares han estado en su presente área por varios miles de años. Hay al menos dos dialectos principales de la lengua, llamados de la Alta y Baja Tarahumara, cuyos hablantes tienen dificultades para entenderse los unos a los otros, y para quienes el gobierno está haciendo distintos libros escolares. Dentro de estas áreas, hay numerosas diferencias dialectales. Las barrancas y las distancias han impedido que la gente forme un grupo más unificado, tanto lingüística como socialmente. Viven una muy dispersa, semi-nomádica existencia en forma de "rancherías," y han sido capaces de mantenerse fuera de la vida mexicana predominante hasta este último siglo pasado.

---

1 Los indios mayo (yoreme), que viven más hacia la costa, también han sido afectados grandemente por la llegada del ferrocarril. De hecho, han visto la operación del Chihuahua al Pacífico en su área desde que la línea de Topolobampo a El Fuerte fue completada en 1904 (Kerr, p.74).

2 La *r* tarahumara es una *r* retroflexada, de "golpe de lengua" al frente: La punta de la lengua se curva hacia atrás y el rizo luego se extiende golpeando hacia adelante, lo opuesto a la *r* en el español. La *l* es también retroflexada. Algunos dicen que la palabra ralámuli significa corredores a pie, pero lo más probable es que no sea correcto: hay otras posibilidades lingüísticas.

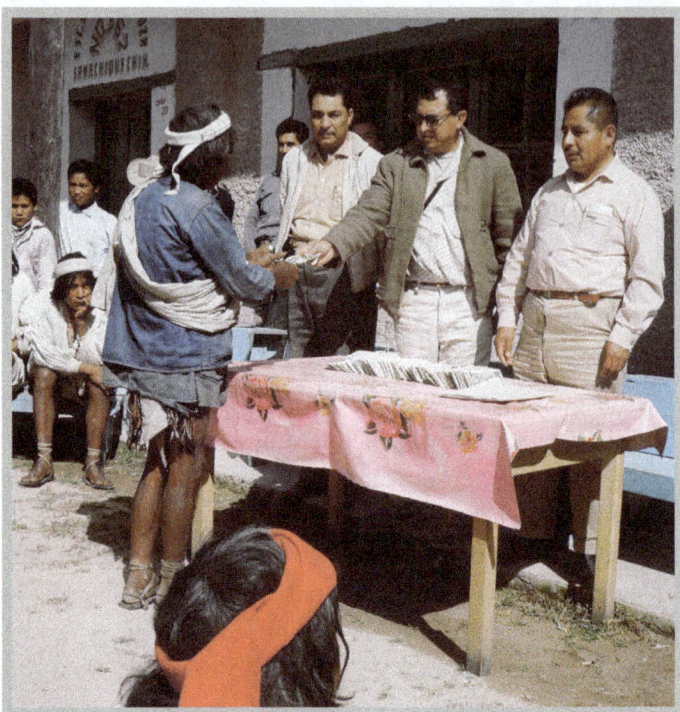

8.4. Funcionarios del gobierno entregando dinero a los tarahumares en Samachique, de la participación de utilidades por la explotación de los bosques, en los años 1960 (foto de Don Burgess).

8.5. El ferrocarril pasa justo frente al templo católico de Pichachí. La primera mención de esta misión en documentos jesuitas es en 1678 (foto de Don Burgess, 2012).

Almada ha escrito que las primeras "entradas" en la Sierra Tarahumara llegaron desde el lado del Pacífico y Sinaloa, de las montañas, en 1598, con los españoles buscando minerales en la región de Chínipas. El fundador del movimiento misionero en la Tarahumara fue el jesuita Pedro Méndez, quien llegó tan lejos como Cuiteco,[3] junto al capitán Diego Martínez de Hurdaide, 23 soldados, y algunos indios como guías. Fueron atacados por tarahumares unos pocos kilómetros debajo de Cuiteco: varios tarahumares fueron muertos y algunos de los soldados heridos. Deben haber llegado subiendo por el cañón Septentrión, al menos en partes de él, cerca de donde hoy corre el ferrocarril.[4]

Del otro lado de la sierra, el jesuita Juan Fonte inició sus trabajos de misionero en el área de Parral, llegando desde las misiones tepehuanas, en 1604. Fue muerto en la revuelta tepehuana de 1616, encabezada por Quautlatas. Las misiones se extendieron hacia el norte, desde Parral, más allá de La Junta, en el área del río Papigóchi. Los tarahumares que vivían en la región, se asimilaron a la cultura española, o se refugiaron en la sierra, donde vivían otros grupos tarahumaras. Los nombres de los lugares en la lengua tarahumara, como Papigóchi, se siguen utilizando.

La segunda mitad del siglo 17, estuvo marcada por varios alzamientos de los tarahumares contra los españoles, como la de 1650 [1652], encabezada por Tepórame. A fines del siglo 17 y principios del 18, los españoles se establecieron en minerales como Cusihuiriachi, en 1687, Batopilas en 1709[5], y Urique en 1690, así como en regiones buenas para sus cultivos y ganados. Los revueltas tarahumaras en esos años, a veces incluyeron a tarahumares peleando unidos con apaches.[6]

El sistema de misiones jesuitas floreció durante ese tiempo, pero en 1767, el rey de España expulsó a todos los jesuitas de las Américas, y 19 sacerdotes tuvieron que dejar la zona tarahumara. La mayor parte de sus misiones fueron entregadas a los franciscanos de Zacatecas, que estuvieron allí por varios años antes de moverse a California.[7]

---

3 La pronunciación tarahumara de Cuiteco es *Gutego*, que se refiere a la garganta, o un lugar estrecho que luego se abre a un espacio más amplio. Los tarahumares muchas veces dan nombre a sus ranchos de acuerdo a las características geográficas que son similares a partes del cuerpo (Véase Don Burgess, "Western Tarahumara Place Names," [Los Nombres de Lugares en la Lengua Tarahumara del Oeste], pp.65-88).

4 Véase Francisco Almada, *Resumen de Historia del Estado de Chihuahua* and *Apuntes Históricos de la Región de Chínipas*; y de Luís González Rodríguez, *Crónicas de la Sierra Tarahumara*.

5 Véase el libro de Grant Shepherd, *Silver Magnet* (Magnate de la Plata). Las fechas del descubrimiento de estas minas son de Almada, *Diccionario de Historia, Geografía y Biografía Chihuahuenses*.

6 Véase William Merrill, *Raramuri Souls* (Almas Rarámuri), pp.34-35; y Don Burgess, "Missionary Efforts Among the Tarahumara Indians" (*Esfuerzos Misioneros Entre los Tarahumares*), tesis, pp.38-56.

7 Para más información sobre la historia de los primeros tiempos, véase Peter Masten Dunne, *Early Jesuit Missions in Tarahumara* (Las Antiguas Misiones de la Tarahumara); Campbell W. Pennington, *The Tarahumara of Mexico: Their Environment and Material Culture* (Los

Los jesuitas regresaron a la región tarahumara en 1900, y muy poco después las misiones protestantes empezaron a trabajar también en el área (Don Burgess, "Missionary Efforts Among the Tarahumara Indians" [Esfuerzos Misioneros Entre Los Tarahumares], pp.57-80.); y luego el gobierno empezó a tomar una parte más activa en los asuntos indios. Una radiodifusora, XETAR, La Voz de la Sierra Tarahumara, que transmite desde Guachochi en las dos formas principales del ralámuli, en *ódami* y *warijío*, celebró sus 30 años de operación en Noviembre de 2012.[8]

Como puede verse, la cuestión de cómo la construcción del ferrocarril ha afectado al pueblo tarahumara, es parte de un panorama mucho más amplio.

Tiene que ser vista a la luz de las "entradas" españolas en la Sierra Madre Occidental, los distintos esfuerzos misioneros, las minas, la llegada de enfermedades como la tuberculosis, los programas de gobierno, la explotación forestal, los sistemas escolares, el turismo, y el cultivo y tráfico de mariguana y amapola. Además de la intrusión de los caminos para la explotación maderera y de las minas, compitiendo con el ferrocarril en abrir la sierra, hay nuevos desarrollos que incluyen una carretera pavimentada, ya cerca de ser terminada, y que conectará con el Pacífico, un casi completo aeropuerto para jets cerca de Creel, y un vagón colgante en línea de cable, o teleférico, de tres kilómetros de largo, que baja al fondo de la barranca de Urique.

Los mismos tarahumares mencionan los inadvertidos efectos del desarrollo del transporte, como los animales que son muertos por los trenes, los incendios de pastizales causados por chispazos y cigarros. Nuestro amigo tarahumara, Antresi, quien con frecuencia nos traía leña, padece ahora la falta de varios dedos, porque un día, cuando andaba tomando, se quedó dormido junto a los rieles del tren. Otro amigo tarahumara me cuenta que su hermano menor y otros muchachos tarahumares de San Luis de Majimachi, se subieron a uno de los pequeños carros en la vía llamados armones, sin que los trabajadores se dieran cuenta, y rodaron algunos kilómetros hacia Nacárare; luego, saltaron para bajarse, en tanto que el armón continuó avanzando hacia abajo por las vías.

La pérdida de un medio ambiente antes aislado, necesariamente ha significado que los tarahumares tuvieran que cambiar. La cultura tarahumara había sido afectada por la cultura española mucho antes de que el ferrocarril entrara en su territorio. Una lista parcial de objetos, plantas, y animales de la vida diaria que provienen de la cultura española, incluye las herramientas y objetos de metal, caballos, burros, mulas, chivas, borregas, gallinas, cerdos, trigo, cebollas, naranjas, limones, caña de azúcar, especias, plantas medicinales, vacas, leche, quesos, mantequilla, y varios instrumentos musicales, además de melodías, ritmos, armonías, símbolos, y costumbres (que anotó Luis Urías en Burgess y Mares, *Con el maíz se pueden hacer muchas cosas*, p.4). Incluso el

---

Tarahumaras: Una Tribu India del Norte de México); y Luís González Rodríguez, *El Noroeste Novohispano en la Época Colonial*, y *Crónicas de la Sierra Tarahumara*.
8 Comunicación personal de Luis Urías, primer director de la estación.

8.6. Un tarahumar bebiendo un refresco embotellado, una "soda," en Lagunitas (foto de Don Burgess, c.1970).

8.7. Bernardo Jaris Núñez, un muchacho tarahumara del área de La Bufa-Batopilas, brincando en un bastón de resorte (*pogo stick*) (foto de Don Burgess, 2012).

saludo tarahumara "*Cuira*," viene del español "Dios os cuide." Sin embargo, yo he podido ver cambios acelerados tomar lugar en los pueblos a lo largo del ferrocarril. En estas poblaciones, los tarahumares se han beneficiado del acceso a escuelas, de más atención médica, y empleos pagados. Pero al mismo tiempo, están perdiendo su cultura en tanto que se ven inmersos en una nueva cultura y lenguaje, comiendo alimentos diferentes, y viendo televisión. Algunos de estos tarahumares están incluso empezando a perder su lengua.

Los efectos del ferrocarril, sin embargo, deben ser considerados no solo desde el punto de vista de cómo los extraños están afectando a los pueblos indígenas, sino también desde la perspectiva de cómo lo que los nativos escogen está afectando la situación. Algunas decisiones son buenas para el bien de la gente, pero muchas otras no: La ambición y la embriaguez entre los tarahumares han tenido efectos devastadores.[9]

Hay que decir que los tarahumares ciertamente han hecho uso del tren, aunque sin duda les ha tomado tiempo ajustarse a la situación. Varios tarahumares me han contado que la primera vez que vieron el tren fue desde lo alto de una cumbre en las

---
[9] Véase Merrill, William L. 2001. "La Identidad Ralámuli: Una Perspectiva Histórica," en *La identidad y los pueblos étnicos en la Sierra Tarahumara*, pp.71-103.

8.8. Niño tarahumara jugando basquetbol en la cancha de una escuela pública en San José del Pinal. El aro fue colocado a cinco metros de altura. Cuando pregunté por qué, me dijeron que no quisieron cortar los postes (foto de Don Burgess, 2008).

8.9 y 8.10. Corteza de pino labrada por Juan Cleto González, tarahumar, y vendida por su hija, Hortensia Cleto Cruz, en el mirador del río Oteros. Muestra al tren saliendo de un túnel: Dice: Divisadero Barrancas Tunnel, en inglés. La pieza refleja el desarrollo de productos diseñados para el mercado turístico (foto de Don Burgess, 2012).

8.11. Doña Lola, a la derecha; su hijo José Portillo, su esposa Challa, y sus hijos. La familia Portillo vivió durante varias generaciones en Socolén y otros lugares a lo largo del río San Ignacio, una de las rutas alternas del ferrocarril (foto de Don Burgess, c.1970).

8.12. Doña Lupe García escogiendo manzanas cerca de Areponápuchi. Es la abuela de Armando Díaz, propietario de las Cabañas Díaz, y pariente de Doña Ponciana, una mujer de pistola, cuya casa remodelada es ahora parte del hotel Balderrama en Areponápuchi. Alejandro Miyamoto recuerda a Doña Ponciana llegando montada a caballo hasta su casa (la antigua casa del ingeniero Francisco Togno), con rifle y pistola, los pantalones metidos dentro de sus botas: Su habilidad para disparar era legendaria (foto de Don Burgess, c.1975).

montañas, mirando hacia abajo, por donde se movía el tren a lo largo del fondo de un cañón, y pensaron que era una serpiente. Algunos tenían miedo de subir y entrar al tren, y a veces caminaban largas distancias con tal de evitarlo.

El principal beneficio para los tarahumares ha sido el transporte, y para la importación de mercancías. Muchos de ellos, por años han trabajado por temporadas en el corte de la caña de azúcar, la zafra, cosechando tomates, etc., en las llanuras costeras al occidente, y el tren se convirtió muy pronto en su medio de transporte para llegar hasta allá. Aún más, el tren ha traído bienes y satisfactores a esos lugares: Conozco tarahumares que solían hacer cada año un viaje de dos meses, con burros, hasta la costa, para traer sal; ahora solo tienen que ir a la tienda más cercana.

8.13. Mujer serrana lavando ropa en un arroyo de las montañas (foto de Glenn Burgess, 1955).

La larga historia de la colonización española en México llevó al establecimiento de comunidades mestizas en la Sierra Madre. Esta cultura local mestiza (cuya población hoy en día es más del doble que la de los tarahumares), ha sido también afectada por el ferrocarril. Como los tarahumares, su cultura está amenazada por la pérdida del aislamiento. Los cambios para ellos han sido similares a los que se encuentran en la desaparición del Viejo Oeste en los Estados Unidos. Un artículo en la publicación *Mining and Scientific Press* [Prensa Minera y Científica], Noviembre 4, 1911, afirmaba:

> La terminación del ferrocarril Southern Pacific a lo largo de la costa oeste mexicana, con su ramal a Álamos, y la construcción de la línea terminal en la costa del ferrocarril Kansas City, México y Oriente, a El Fuerte en Sinaloa, marcó la desaparición del viejo orden de transporte a lomo de mula, y que se cerraran los caminos costeros de Sonora y Sinaloa. La terminación de este último camino eliminará completamente a la mula como factor en el transporte de carga, y pondrá fin a una pintoresca fase de la vida mexicana, a lo largo de muchos caminos históricos del interior… Las fogatas en los campamentos en los cerros, por las noches, los arrieros riendo y cantando, las mulas y los burros comiendo, peleando y relinchando, son parte de los recuerdos de un gran camino cuya gloria se ha ido para siempre.

Esos fueron los días del Camino Real, como eran llamados los caminos principales. Una familia mestiza que conozco, vivía en un rancho en la región de los Tubares, y recuerdo a Doña Challa diciendo, cuando su esposo José Portillo llegó a la casa con algunas mulas y burros cargados de provisiones: "El Camino Real es muy duro." Había hecho un viaje de dos días de regreso desde el pueblo de Choix hasta su rancho. Esa clase de viajes eran la única forma de que la familia pudiera tener acceso a provisiones. La mayoría de las familias mestizas vivían en esos aislados ranchos dispersos por la sierra. Yo mismo utilicé una mula durante varios años, para llevar carga al aislado valle donde vivíamos en la sierra.

Esos fueron también los días antes de que los radios y las televisiones fueran llevados a la sierra. Eran tiempos de contar historias, cuando había narradores "profesionales": La gente solía llevar a estos hombres comida y otras cosas, para escuchar sus historias. En mis viajes por las montañas y los cañones, recolecté una cantidad de esa clase de historias y cuentos contados por los mestizos, que reuní en un libro que llamé *Chistes De La Sierra Tarahumara (Contados por la Gente Mestiza)*.

En ese libro cuento lo que me contó un ranchero mestizo que vivía en el fondo del cañón de Chínipas, acerca del primer radio que pudo conocer: Alguien llevó uno a su rancho, y la gente encontró la forma de encenderlo; pero no pudieron encontrar la forma de apagarlo. Después de un tiempo, se cansaron de escuchar todo aquel ruido y apilaron cobijas encima del aparato. Finalmente, la batería se agotó, y el ruido se acabó.

Cuentos, historias, y chistes dicen mucho acerca de cómo la gente percibe los cambios: y voy a terminar con una historia de los mestizos acerca de la primera vez que dos hombres decidieron viajar en el tren. Dice así:

Ésta es una historia acerca de dos hombres.

Eran hermanos y muy buenos amigos. Ellos nunca habían estado en un tren y estaban a punto de subirse a uno. Y entonces uno le dijo al otro:

Pase usted primero, compadre.

No, pase usted, dijo el otro.

No, suba usted.

Finalmente uno de ellos subió, y dejó su veliz en el pasillo del carro de pasajeros. Luego bajó otra vez, a donde estaba su compadre, y en lo que siguieron platicando, el silbato del tren anunció que el tren estaba por partir.

Y entonces uno dijo:

Suba, compadre.

No, suba usted, compadre.

No, usted.

Y bueno, entonces, de pronto, el tren se arrancó, y ninguno de los dos se había subido.

El tren partió, con el veliz en el pasillo del carro de pasaje.

Y entonces, bueno, pues había un gringo en el carro de pasajeros, justo a un lado del veliz. Y entonces el conductor le dijo al gringo:

Quite ese veliz del pasillo.

El gringo no hizo nada. Como el veliz no era suyo, no lo movió.

Y el conductor volvió a pasar, y le dijo:

Quite ese veliz del pasillo, porque está bloqueando el paso.

El gringo siguió sin hacer nada.

El conductor volvió a pasar, y otra vez le dijo al gringo:

Quita el veliz... Sácalo de aquí. Porque si no lo sacas del pasillo, lo voy a tirar para afuera.

A mí no me importa. Tíralo, le dijo el gringo.

Entonces el conductor agarró el veliz y lo tiró por la ventana.

Entonces el gringo le dijo:

Oh, a mí no me importa, porque ese veliz no es mío.

Ah, ¿entonces no es tuyo?

No.

Y entonces el conductor salió corriendo para parar el tren.

Se bajó, encontró el veliz, y lo volvió a subir al tren.

Y así es como esta historia sucedió.
Así es como termina.

|||||||||||||

8.14. Un hombre a caballo a lo largo de las vías del ferrocarril, al través de Creel. Parece preferir ese camino al que está al lado de la vía, porque el otro no llega tan lejos (foto de Don Burgess, 2012).

Referencias

9.1. Don, hablando sobre la historia local con Armando Díaz, en Areponápuchi (foto de Marie Burgess, 2012).

9.2. Glenn, tomando fotografías con su cámara Speed Graphic cerca de Alpine, Texas (fotógrafo desconocido, c.1960).

9.3. Glenn, imprimiendo fotos en su laboratorio en Alpine, Texas (fotógrafo desconocido, c.1960).

Artículos Sobre el Ferrocarril por Glenn Burgess

"Chihuahua-Pacific Railway to Open Mexican Resources." *The El Paso Times*, Mayo 19, 1957.

"Work on Two Mountain Railways in Mexico Fast Nearing Completion." *Fort Worth Star-Telegram*, Agosto 20, 1957.

"Railroad to Unite Sinaloa, EP, Presidio." *The El Paso Times*, Septiembre 24, 1957.

"Railroads Build Mexico's Future." *The El Paso Times*, Octubre 9, 1957 (artículo acerca de una línea de ferrrocarril propuesta, de Falomir a una zona minera a unos 129 kilómetros al Sureste de Ojinaga, Chihuahua).

"Chihuahua Railroad Forges Pacific Link." *The El Paso Times*, Mayo 2, 1959.

"Dream Mexico Railroad Now Nears Completion." *Fort Worth Star-Telegram*, Mayo 10 1959.

"Tortuous Terrain Shattered Early Completion Hopes of Railroad." *The El Paso Times*, Mayo 15, 1959.

"New Railroad in Mexico to Penetrate Sierra, Do 'Impossible'." *Fort Worth Star-Telegram*, Mayo 22, 1959.

"Tough Railway Project on Last Lap in Mexico." *Fort Worth Star-Telegram*, Julio 5, 1959.

"Final 30 Miles of Chihuahua Al Pacífico Railroad the Toughest." *The El Paso Times*, Julio 6, 1959.

"Mexican Rail Project to Tie Texas with Pacific." *Fort Worth Star-Telegram* (de fecha no segura).

"Long Sought Rail Link to Open." *The El Paso Times*, Octubre 16, 1960.

"Sierra Challenge." *The CF&I Blast*, May 22, 1961.

"Chihuahua Al Pacífico Railroad Now is Startling Reality." *The El Paso Times*, Enero 27, 1963.

"Spectacular Scenery Yields Impact to Chihuahua al Pacífico Train Ride." *The El Paso Times*, Febrero 3, 1963.

Referencias

Alegre, Francis Javier, S.J., *Historia de la Compañía de Jesús en Nueva-España, que estaba escribiendo el P. Francisco Javier Alegre al Tiempo de su Expulsión,* Tomo III. Mexico: 1842.

Almada, Francisco R. *Apuntes Históricos de la Región de Chínipas.* Tallares Linotipográficos del Estado de Chihuahua, 1937.

---. *Resumen de Historia del Estado de Chihuahua.* México, D.F.: Libros Mexicanos, 1955.

---. *Diccionario de Historia, Geografía y Biografía Chihuahuenses.* Juárez: Impresora de Juárez, S.A., 1968 (segunda edición).

---. *El Ferrocarril de Chihuahua al Pacífico.* México D.F.: Editorial Libros de México, S.A., 1970.

Brambila, David. *Marko (El Evangelio Según San Marcos): Traducción bilingüe.* 1993.

Brown, Ben. "Chihuahua bound: or how I spent my Christmas in 1881." *The Chronicles of the Trail.* Camino Real Trail Association, Vol.1, No. 4. Octubre. Diciembre 2005.

Brown, R.B. (ed.). *Introducción e Impacto del Ferrocarril en el Norte de México.* Juárez: Universidad Autónoma de Ciudad Juárez, 2009.

Burgess, Don. "Mexican Railway to Pacific Coast 95% Complete, Alpine Youth Finds." *Alpine Avalanche,* Agosto 20, 1959.

---. "History of Missionary Efforts Among the Tarahumara." Tesis de Maestría. El Paso: Texas Western College, 1963.

---. *¿Podrías Vivir Como Un Tarahumara?* (Fotografías: Bob Schalkwijk y Don Burgess). México: Bob Schalkwijk, 1975.

---. "Western Tarahumara." *Studies in Uto-Aztecan Grammar,* Vol. 4 (Ronald W. Langacker editor), 1984.

---. *Chistes De La Sierra Tarahumara (Contados por la Gente Mestiza).* Chihuahua: Don Burgess McGuire, 1987.

---. "Western Tarahumara Place Names." *Tlalocan.* México, D.F.: Universidad Nacional Autónoma de México, 1990.

---. Entrevistas con Leopoldo Méndez (San Rafael, circa 1980), José Miyamoto (Bachámuchi, 1995), Candelario López (San Rafael, 2003), Ing. Eloy Yáñez (Chihuahua City, 2012), Ing. Miguel Leal (Chihuahua City, 2012), José María Ávila y Rogelio Ávila (Chihuahua City, 2012), Armando Díaz (Areponápuchi, 1012), Lisa Wolf (Cuauhtémoc, 2012), Enrique Wolf (Cuauhtémoc, 2012), Jacobo Harms, Susan Thiessen y Abraam Thiessen (Cuauhtémoc, 2012), Salvador Bustillos (Creel, 2012), Antonio González (Pichachí, 2012), Carlos Jaime (San Juanito, 2012), Anacleto Ramírez (teléfono, 2012), Oscar Luévano (correspondencia, 2012), Rosalva Delgado (correspondencia, 2012), Lic. Roberto Balderrama (correspondencia, 2012), Robert Schmidt (correspondencia, 2012), William Merrill (correspondencia, 2012), Luís Urías (correspondencia, 2012), Olivia Togno (correspondencia, 2013).

--- y Albino Mares. *Sunute we'ká e'karúgame newalime ju (Con el maíz se pueden hacer muchas cosas)*. Cuauhtémoc: Don Burgess McGuire, 2010.

Burgess, Don (traductor). *Onorúgame Nila Ra'íchali (El Nuevo Testamento en el idioma ralámuli de la Tarahumara Baja del municipio de Guazapares, Chihuahua, México)*. México, D.F.: La Liga Bíblica, A.C., 2008.

---. *Onorúgame Nila Ra'íchali Mapu Ruwime Ju Alué 'We 'Ya Osirúgame Napu Antiguo Testamento Anilime (Resumen del Antiguo Testamento en el idioma ralámuli de la Tarahumara Baja del municipio de Guazapares, Chihuahua, México)*. México, D.F.: La Liga Bíblica, A.C., 2013.

Burgess, Glenn. "History of the Kansas City, Mexico and Orient Railroad" (Tesis de Maestría). Silver City, NM: New Mexico Western College, Julio 1962.

Casey, Clifford B. *Alpine, Texas then and now*. Seagraves: Texas Pioneer Book Publishers, 1981.

Coffey, Fred. "Confederate Attempts to Control the Far West" (Tesis de Maestría). Austin: The University of Texas, Austin, 1930 (Según citas en la tesis de Glenn Burgess).

Collard, Howard y Elizabeth Scott Collard. *Vocabulario Mayo* (Vocabularios Indígenas 6). México, D.F.: Instituto Lingüístico de Verano, 1962.

Comunicaciones y Transportes (El Ferrocarril Chihuahua al Pacífico), #16. México, Enero-Febrero, 1962.

Díaz, Carlos Infante. *Luka (Traducción-Adaptación al Idioma Tarahumar del Evangelio de Lucas)*, 1999.

Díaz Gutiérrez, Victoriano (cronista de la ciudad). *Puerta a la sierra: Recuento histórico de Cuauhtémoc*. Cuauhtémoc: Ediciones Aster, 2002.

Dunne, Peter Masten. *Early Jesuit Missions in Tarahumara*. Berkeley: University of California Press, 1948.

Elbow, Gary S. "Mennonites." *Handbook of Texas*. Texas State Historical Association, 2011.

El Heraldo de Chihuahua. 27 de Junio1997.

The Engineering and Mining Journal. Julio 1907.

Fowler, Richard B. *Arthur Stilwell in Mexico*. 1950 (Kansas City Public Library-- Missouri Valley Special Collections).

Flynn, Ken. "Unspoiled Beauties of Sierra Madre Spark Mexico's Inaugural Train Trip for Newsmen." *El Paso Herald Post*, Noviembre 27, 1961.

Gardner, Erle Stanley. *Neighborhood Frontiers*. Toronto: W. Morrow & Co., 1954.

Habermeyer, Christopher Lance. *Gringos' Curve (Pancho Villa's Massacre of American Miners In Mexico, 1916)*. El Paso: Book Publishers of El Paso, 2004.

Hilton, Ken (translator). *Riosi Ru'íchara (El Nuevo Testamento de Nuestro Señor Jesucristo en Tarahumara)*. México: La Biblioteca Mexicana del Hogar, A.C., 1972.

INEGI Censo de 2010.

Irigoyen, Ulisis. "Topolobampo, Salida al Mar." Conferencia presentada a la Sociedad Mexicana de Geografía y Estadística. 2 de Septiembre, 1943.

Jaime M., Carlos. *San Juanito, Crónica de lo que el tiempo dejó*. Chihuahua: Gobierno del Estado, 2001.

Journal of the Southwest. Vol. 54, No. 1, Primavera 2012. Editado por Joseph Carleton Wilder. The Southwest Center: University of Arizona, Tucson.

Katz, Friedrich. *The Life and Times of Pancho Villa*. Stanford: Stanford University Press, 1998.

Kerr, John Leeds, con Frank Donovan. *Destination Topolobampo*. San Marino: Golden West Books, 1968.

Mares Trías, Albino y Don Burgess McGuire. "Hit and Run." *Natural History*, Sept. 1999.

---. *Re'igí ra'chuela (El juego de palillo)*. Chihuahua: Escuela Nacional de Antropología e Historia, Unidad Chihuahua, 1996.

Memoria de la construcción del Ferrocarril Chihuahua al Pacífico. Secretaría de Obras Públicas, 1963.

Merrill, William. *Raramuri Souls, Knowledge and Social Process in Northern Mexico*. Washington, D.C.: Smithsonian Press, 1988.

---. "La identidad ralámuli: una perspectiva histórica." En Claudia Molinari y Eugeni Porras, eds. *La identidad y los pueblos étnicos en la Sierra Tarahumara*, pp.71-103. Ciudad México: Instituto Nacional de Antropología e Historia e Congreso del Gobierno del Estado de Chihuahua, 2001.

Mining and Scientific Press. Noviembre 4, 1911.

Parks, Walter P. *The Miracle of Mata Ortiz*. Riverside, CA: Coulter Press, 1993.

Pennington, Campbell W. *The Tarahumara of Mexico (Their Environment and Material Culture)*. Salt Lake City: University of Utah Press, 1963.

Pérez de Rivas, Andrés. *My life Among the Savage Nations of New Spain* (Thomas A. Robertson, traductor). Los Angeles: The Ward Ritchie Press, 1968.

Pérez Elías, Antonio. "Ferrocarriles." *Enciclopedia de México*. Segunda Edición 1977. Tomo IV.

Pletcher, David M. *Rails, Mines, and Progress: Seven American Promoters in Mexico, 1867-1911*. Port Washington, NY: Kennikat Press, 1958.

Rebo Studios. *Train Ride to the Sky*. Documentario para televisión. 1994.

Robertson, Thomas A. *Utopia del Sudoeste (Una Colonia Americana en México)*. Los Angeles: The Ward Ritchie Press, 1964.

Rodríguez, Luís González. *Crónicas de la Sierra Tarahumara*. México: Secretaría de Educación Pública, 1948.

---. *Crónicas de la Sierra Tarahumara*. Secretaría de Educación Pública, 1987.

---. *El Noroeste Novohispano en la Época Colonial*. México: Instituto de Investigaciones Antropológicas UNAM, 1993.

Sariego Rodríguez, Juan Luís. *El Indigenismo en la Tarahumara*. México: INI-INAH, 2002.

Schalkwijk, Bob, Luís González Rodríguez, y Don Burgess. *Tarahumara*. México, D.F.: Chrysler de México, S.A., 1985.

Schmidt, Robert. *Map of the Sierra Tarahumara*. El Paso: International Map Co. UTEP (tanto la primera como la última edición).

---. *Mexico's Sierra Madre Occidental: The Geography*. Próximo.

Schmiedehaus, Walter. *Ein feste Burg ist unser Gott (Der Wanderweg eines christlichen Siedlervolkes)*. Cuauhtémoc, Chih., México: Druck G.J. Rempel, Blumenort, 1948.

Secretaría de Comunicaciones y Transportes y Ferronales. *Caminos de Hierro*. 1996.

Sheppard, Grant. *The Silver Magnet: Fifty Years in a Mexican Silver Mine*. New York: E.P. Dutton, 1938.

Sonnichsen, C.L. *Colonel Greene and the Copper Skyrocket*. Tucson: Univ. of Arizona Press, 1983.

Stilwell, Arthur Edward. *Cannibals of Finance, Fifteen Year's Contest with the Money Trust*. Chicago: The Farnum Publishing Co., 1912.

The Texas, Topolobampo & Pacific Railroad and Telegraph Company: Reports of Geo. W. Simmons, Jr.., Dr. B. R. Carman, and John E. Price, Esq., Upon the Route of a Railroad from Topolobampo Bay, on the Gulf of California, to Piedras Negras, on the Rio Grande. Boston: Press of Rockwell and Churchill, 1881.

Tompkins, Frank. *Chasing Villa (The Last Campaign of the US Calvary)*. Silver City: High-Lonesome Books, 1996.

Torres Gándara, José Luis. *Reseña Histórica de La Junta y del Ferroarril Chihuahua al Pacífico*. Chihuahua: Ediciones del Azar A.C., 2007.

Torres González, Rodolfo. *Un sueño una realidad...Ferrocarril Chihuahua al Pacífico*. Litográfica Voz, 2008.

Velasco Gil, Carlos Mario. *La Conquista del Valle del Río Fuerte*. México, 1957. Rpt. Siglo XXI, 2003.

Wampler, Joseph. *Mexico's "Grand Canyon"*. Berkeley: Joseph Wampler, 1978.

Waters, L.L. *Steel Trails to Santa Fe*. Lawrence: The University of Kansas Press, 1950.

Yáñez Bordier, Ing. José Eloy. "Apuntes Históricos de las rutas del Ferrocarril Chihuahua al Pacífico." *Ingeniería Civil*, Marzo 9, 1983.

Zingg, Robert. *Behind the Mexican Mountains*. Austin: University of Texas Press, 2001.

Índice de Fotografías y Mapas

La Construcción:
Chicural: 4.39, 4.40
El Lazo: 4.1, 6.6
Pendientes: 2.1, 4.7, 4.30, 4.38, 4.57, 4.65
Presa Mahone o San Miguel: 4.20, 4.45
Puentes: 4.24, 4.35, 4.39, 4.41, 4.42, 4.43, 4.44, 4.55, 5.3, 6.5, 6.15, 7.6
Rieles: 4.25, 4.26, 4.49, 4.50, 4.51, 4.52, 4.53, 4.54, 4.58
Trabajo: 4.49, 4.51, 4.52, 4.53, 4.54, 4.55, 4.57, 4.60, 7.1, 7.2, 7.3, 7.5, 7.6
Túneles y cortes: 4.18, 4.19, 4.35, 4.39, 4.60, 5.4, 5.8, 6.5

Gente:
Abram Thiessen: 4.11
Adolfo López Mateos, Presidente: 5.1
Alfonso Rincón Benítez: 4.5
Armando Díaz: 9.1
Arturo Múzquiz Orendáin: 4.63
Bernardo Jaris Núñez: 8.7
Candelario López: 7.4
Carmen Murguía Barrundia: 7.10
Chevo Ortega Moreno: 4.16
David Avila: 4.9
Don Burgess: 2.3, 2.5, 4.5, 4.61, 6.15, 9.1
Ernesto Talamantes: 4.56
Fernando Anzaldúa: 4.27
Francisco M. Togno: 1.2, 1.3, 7.10
Gente mestiza: 8.11, 8.12, 8.13, 8.14
Gente o pueblo tarahumara: 4.32, 4.33, 6.2, 7.1, 7.2, 7.3, 8.1, 8.2, 8.4, 8.6, 8.7, 8.8, 8.9
Glenn Burgess: 2.7, 9.2, 9.3, 9.4
Hortencia Cleto Cruz: 8.9
Jesús López: 6.1
Joe Burgess: 4.48
Jorge Togno: 2.3, 4.5, 4.61, 6.4, 6.14
José Duarte Espinoza: 4.9, 4.10, 4.27, 9.5
José Miyamoto: 7.7
José Miyamoto Isida: 7.8, 7.9
Lola Portillo y su hijo José; Challa, esposa de José, y sus hijos: 8.11
Lupe García: 8.12
Luz Corral, esposa de Pancho Villa: 4.3, 4.4
Mariano García Malo: 4.26, 4.27, 4.48, 4.56, 4.64, 4.65
Michel Streit: 4.26, 4.48
Roberto Balderrama Gómez: 6.3
Ramón Grijalva: 6.4
Ramón Togno Purón con su esposa Guita: 4.62
Señor Meno: 6.4
Teófilo Borunda Ortíz: 5.1

Lugares:
Alpine: 9.2, 9.3
Anáhuac: 4.13
Areponápuchi: 4.10, 4.12, 4.63, 8.12
Barranca del Cobre (Cañón de Urique): 3.4, 4.36, 4.48, 8.2, 8.3
Cañón de Urique (Barranca del Cobre): 3.4, 4.36, 4.48, 8.2, 8.3
Cañón Huites, Sinaloa: 2.6
Cañón Septentrión: 4.37, 4.41
Cascada de Basaseachi: 6.7
Chicural: 4.39
Ciudad de Chihuahua: 4.6, 6.2
Creel: 2.4, 4.7, 4.58, 4.59, 6.8, 6.9, 8.14
Cuatro Vientos: 4.19
Cuiteco: 2.5, 3.1, 4.28, 4.29, 4.30, 4.33, 4.34, 4.35, 4.55, 4.60, 6.5, 7.6, 9.5
División Continental: 5.8

El Reto de la Sierra Tarahumara

El Divisadero: 6.1, 8.1, 8.2, 8.3, 8.9, 8.10
El Lazo: 4.1, 6.6
Falomir: 6.13
Guasachique: 4.24, 4.38
La Bufa: 4.14, 4.15, 8.7
Lagunitas: 7.11, 8.6
Los Mochis: 6.3
Mata Ortiz: 4.16
Mazatlán: 4.21, 4.22
Miñaca: 6.10, 6.11
Ojinaga: 6.12
Pichachí: 8.5
Presa Majone o San Miguel: 4.20, 4.45
Río Chínipas: 2.3, 4.41, 6.15
Río del Fuerte: 4.42, 4.43, 4.44
Rocoroibo: 2.2
Rodeo: 4.32
Samachique: 8.4
San José del Pinal: 8.8
San Juanito : 6.4
Sinaloa: 4.45, 6.14
Socolén : 8.11
Témoris: 2.1, 4.31, 4.37
Topolobampo: 4.8, 4.23, 4.46, 4.47

Mapas:
Alfred Rosenzweig, mapa de la exploración de Owen: 3.5, 3.6
Altitudes del ferrocarril, gráfico: 5.7
Chicural, esquema: 4.40
Ferrocarril Chihuahua al Pacífico, trazo: 1.1
Ferrocarril Kansas City, Mexico & Orient, trazo: 4.2
Ferrocarril Noroeste, trazo: 4.17
SCOP, 1953: 2.8, 2.9, 2.10, 2.11, 2.12, 2.13, 3.3, 4.20
Ulises Irigoyen, trazo: 3.2

Miscelánea:
Estampillas conmemorativas: 5.2, 5.3, 5.4
Horarios de 1962: 5.5, 5.6

9.4. Glenn, conduciendo una expedición fotográfica cerca de Safford, Arizona (fotografía tomada por un interno del Arizona State Prison Complex, donde Glenn enseñó fotografía durante 15 años, c.1975).

Glenn Burgess:
Glenn (1905-1995) se desempeñó como foto-periodista para *El Paso Times* y el *Fort Worth Star-Telegram*. Al mismo tiempo, fue maestro de periodismo y fotografía en el Sul Ross College en Alpine, Texas.

Don Burgess:
Don (1939-present), hijo de Glenn, ha escrito numerosos libros acerca de, y para los tarahumares de Chihuahua, México. Es lingüista y traductor del ralámuli y aprendió fotografía de su padre.

9.5. El ingeniero José Duarte, a la izquierda, arriando la bandera de México en el campamento de la SCOP en Cuiteco (foto de Don Burgess, 1959).

www.ingramcontent.com/pod-product-compliance
Lightning Source LLC
Chambersburg PA
CBHW080732230426
43665CB00020B/2706